T0163977

DIALOGUES SUR LA MORALE
ET LA RELIGION

LEIBNIZ

DANS LA MÊME COLLECTION

Discours de métaphysique. Correspondance avec Arnauld, introduction et édition par Christian Leduc, 2016.

Opuscules philosophiques choisis, introduction, traduction et notes par Paul Schrecker, 2001.

Le droit de la raison, édition par René Sève, 1994.

BIBLIOTHÈQUE DES TEXTES PHILOSOPHIQUES
Fondateur Henri GOUHIER   Directeur Emmanuel CATTIN

LEIBNIZ

DIALOGUES SUR LA MORALE ET LA RELIGION

suivis de

MÉMOIRE POUR DES PERSONNES ÉCLAIRÉES ET DE BONNE INTENTION

Introduction, traduction et notes
par

Paul RATEAU

PARIS
LIBRAIRIE PHILOSOPHIQUE J. VRIN
6 place de la Sorbonne, V e
2017

G.W. Leibniz, *Sämtliche Schriften und Briefe*, Berlin, Akad. Verl.
Reihe 6. *Philosophische Schriften* hrsg. von der Leibniz-Forschungsstelle
der Universität Münster – Bd. 4. 1677-Juni 1690, Teil A, p. 2235-2238
© Akademie Verlag Gmbh, Berlin, 1999, with permission
of R. Oldenburg-Gruppe/Walter de Gruyter.

Dialogus inter Theologum et Misosophum (1678-1679), dans *Textes
inédits de G. W. Leibniz, D'après les manuscrits de la bibliothèque
principale de Hanovre*, édition Gaston Grua, p. 18-23
© Presses Universitaires de France, Paris, 1998.

© *Librairie Philosophique J. VRIN*, 2017
Imprimé en France
ISSN 0249-7972
ISBN 978-2-7116-2780-6
www.vrin.fr

LISTE DES ABRÉVIATIONS

A = *Leibniz : Sämtliche Schriften und Briefe,* hrsg. von der Preußischen (puis Berlin-Brandenburgischen und Göttinger) Akademie der Wissenschaften zu Berlin, Darmstadt, puis Leipzig, enfin Berlin, 1923-..., suivi du numéro de la série, de la tomaison et du numéro de page. Pour A II, 1, nous citons la page dans l'édition de 2006.

Bodemann = *Die Leibniz-Handschriften, der königlichen öffentlichen Bibliothek zu Hannover,* édités par E. Bodemann, Hanovre et Leipzig, 1895 ; réimpression : Hildesheim, G. Olms, 1966.

FC = *Œuvres de Leibniz, publiées pour la première fois d'après les manuscrits originaux,* avec notes et introductions par A. Foucher de Careil (7 tomes), Paris, Didot, 1859-1875 ; réimpression : Hildesheim, G. Olms, 1969.

GP = *Die philosophischen Schriften von G. W. Leibniz,* édités par C. I. Gerhardt, 7 tomes, Berlin 1875-1890 ; réimpression : Hildesheim, G. Olms, 1960-1961.

Grua = *Leibniz. Textes inédits d'après les manuscrits de la Bibliothèque provinciale de Hanovre,* publiés et annotés par G. Grua, 2 volumes, Paris, P.U.F., 1948 ; réédition : Paris, PUF, « Épiméthée », 1998.

Mollat = *Mittheilungen aus Leibnizens ungedruckten Schriften,* von G. Mollat, Kassel, 1887 ; nouvelle édition, Leipzig, 1893.

INTRODUCTION

LA PIÉTÉ ET LA SCIENCE

> *[...] la raison est notre tout,*
> *même en matière de piété [...]*[1]

DES DIALOGUES « MYSTIQUES » ?

Sous le titre *Trois dialogues mystiques inédits de Leibniz*, Jean Baruzi (1881-1953) éditait pour la première fois en 1905, dans la *Revue de métaphysique et de morale*, trois textes non datés[2], extraits du fonds leibnizien de la bibliothèque de Hanovre : la *Conversation du marquis de Pianese ministre d'Estat de Savoye, et du Père Emery Eremite*, le *Dialogue entre Poliandre et Théophile* et un dialogue – sans titre – entre Théophile et Polidore. Baruzi annonçait dans son édition la publication intégrale de la *Conversation*, mais se fondait en réalité sur une seule partie du texte (le manuscrit appelé *L2* par l'édition académique)[3].

---

1. *Au duc Jean-Frédéric* (29 mars/8 avril 1679), A I, 2, 156.

2. Seul le dernier portait l'indication « Fait avant la mort de Mgr le duc Jean-Frédéric », soit avant le 28 décembre 1679.

3. L'autre partie (le manuscrit *L1*) avait été éditée par Foucher de Careil en 1860 (FC II, 512-546). On peut s'étonner que Baruzi n'ait pas fait le lien entre ces deux manuscrits, ni vu qu'ils faisaient partie

En revanche, les deux autres dialogues n'étaient pas donnés dans leur totalité : certains passages étaient résumés ou même supprimés (pour le dernier), quand l'éditeur jugeait qu'ils « ne diffèrent point du leibnizianisme ordinaire (*sic*) »[1]. La publication de ces inédits était précédée d'une introduction[2], dans laquelle Baruzi entendait montrer que « l'homme que construisent ces dialogues serait [...] travaillé d'un mysticisme rationnel »[3], justifiant par là le titre qu'il avait lui-même choisi – et qui n'était pas de Leibniz. Alors que le projet d'éditer les œuvres complètes du philosophe de Hanovre avait été décidé quelques années auparavant[4] – et devait enlever tout intérêt à une édition fragmentaire –, la parution anticipée de ces dialogues répondait à « une intention toute *dogmatique* ». Elle visait en effet, avec l'introduction qui la précède, à « rectifier [...] des opinions à peu près triomphantes aujourd'hui, sur le caractère déclaré extra-systématique des œuvres théologiques de Leibniz »[5]. Les promoteurs de cette vision unilatérale et dominante étaient Bertrand Russell (1872-1970) et Louis Couturat (1868-1914).

Dans *A Critical Exposition of the Philosophy of Leibniz* (1900), le premier opérait une distinction entre un Leibniz mondain, au service des princes, soucieux de

---

du même ensemble. L'édition de l'Académie, que nous suivons ici, a reconstitué un texte complet à partir de *L1* et *L2*.

1. *Trois dialogues mystiques inédits de Leibniz*, Baruzi, note, p. 14.

2. L'ensemble – textes et introduction – a été réédité en 1985 par les éditions Vrin, sous le titre *Leibniz. Trois dialogues mystiques*.

3. *Trois dialogues mystiques inédits de Leibniz*, Baruzi, Introduction, p. 9.

4. En 1901. Il devait être conduit conjointement par l'Académie des Sciences morales et politiques, l'Académie des Sciences de Prusse et l'Académie des Sciences de Paris.

5. *Trois dialogues mystiques inédits de Leibniz*, Baruzi, note p. 14.

défendre – pour éviter la censure – une certaine orthodoxie en morale et dans la religion, cherchant à persuader plutôt qu'à livrer des arguments solides, et un Leibniz « secret », gardant pour lui les raisons fondamentales de son « système », raisons dont l'exposé rigoureux et sans artifice rhétorique se trouvait consigné dans ses écrits non publiés. Le commentateur anglais se donnait pour tâche de reconstituer ce « système » dans sa parfaite cohérence et unité, en le déduisant strictement de cinq prémisses principales[1]. En plaçant à son fondement la logique – et singulièrement le principe de l'inhérence du prédicat dans le sujet, employé à l'article 8 du *Discours de métaphysique* pour définir la notion de substance individuelle –, Russell écartait de fait toute autre source d'inspiration à l'œuvre leibnizienne. Il considérait même avec dédain les textes consacrés à la théologie et à la morale, accréditant la thèse d'une duplicité du philosophe, amené, par prudence sinon par lâcheté, à se conformer aux positions traditionnelles en la matière. Positions pourtant logiquement incompatibles avec sa doctrine véritable, plus proche en réalité, selon le commentateur, de celle de Spinoza[2].

Dans *La Logique de Leibniz* (1901), quoique par des voies différentes et en s'appuyant sur l'analyse de manuscrits

---

1. Voir Russell, *A Critical Exposition of the Philosophy of Leibniz. With an Appendix of leading passages*, Cambridge : at the University Press, 1900, p. 1-4.

2. *Ibid.*, p. 5 et p. 202 : « Mais, en champion de l'orthodoxie contre l'athée honni, Leibniz recula devant les conséquences de ses propres idées, et se réfugia dans une perpétuelle répétition de phrases édifiantes. [...] il préféra soutenir le péché et l'Enfer, et rester, pour tout ce qui concernait l'Église, le champion de l'ignorance et de l'obscurantisme. C'est pourquoi les meilleures parties de sa philosophie sont les plus abstraites, et les plus mauvaises celles qui concernent le plus directement la vie humaine. »

inédits conservés à Hanovre [1], Couturat parvenait à la même conclusion quant à la place prépondérante occupée par la logique, estimant que « la métaphysique de Leibniz repose uniquement sur les principes de sa Logique, et en procède tout entière » [2]. Il affirmait que les thèses essentielles du leibnizianisme pouvaient entièrement se dériver du « principe de raison », selon lequel, dans toute proposition vraie, le prédicat est contenu dans le sujet et, par conséquent, que toute vérité est démontrable *a priori*, par la simple analyse de ses termes. Il voyait alors dans cette philosophie de « l'universelle intelligibilité », « l'expression la plus complète et la plus systématique du rationalisme intellectualiste », rationalisme postulant une réalité « entièrement pénétrable à la raison, parce qu'elle est pénétrée de raison ». En un mot, cette métaphysique était un « *panlogisme* » [3].

À la différence de Russell cependant, Couturat ne distinguait pas deux Leibniz (l'un exotérique, l'autre ésotérique). Il semblait plutôt reconnaître en lui des « tendances » opposées, tout du moins en apparence : « sa religiosité presque mystique » (le souci de la gloire de Dieu) s'accordait à « sa philanthropie positive et pratique » (le souci d'être utile concrètement à l'humanité), tout comme « dans sa morale se concilient l'utilitarisme et l'intellectualisme ». Cette coloration mystique, tout juste

---

1. Qui seront ensuite publiés sous le titre *Opuscules et fragments inédits de Leibniz. Extraits des manuscrits de la Bibliothèque royale de Hanovre*, Paris, Alcan, 1903.
2. Couturat, *La Logique de Leibniz. D'après des documents inédits*, Paris, Alcan, 1901, p. x. L'auteur soulignait en note (2) cette convergence avec Russell, tout en reconnaissant chez ce dernier « une interprétation toute différente » de la sienne.
3. *Ibid.*, p. xi.

admise, n'était pas une limite au rationalisme radical attribué à Leibniz, le commentateur s'empressant d'ajouter : « c'est que sa religion est au fond essentiellement rationaliste, naturaliste et presque païenne, comme sa morale elle-même »[1]. La « conciliation » proposée revenait ainsi, en vérité, à annexer purement et simplement la religion à la raison. La « mystique » de Leibniz se réduisait à la manifestation superficielle d'une foi fondamentalement ancrée dans la raison.

Dans son article « Sur la métaphysique de Leibniz (avec un opuscule inédit) » publié en 1902 dans la *Revue de métaphysique et de morale*, Couturat soutenait la même lecture logiciste. Cependant il s'employait, plus qu'il ne l'avait fait dans son livre, en tout cas de façon plus nette et systématique, à dépouiller les concepts (le bien, le meilleur, la finalité, le beau, le bon[2]) et les thèses leibniziens de toute signification morale et de toute portée téléologique. Ainsi la création de ce monde, plutôt que d'un autre possible, était vue comme la solution apportée à un « problème de maximum », un maximum dont le sens était beaucoup plus métaphysique que moral, puisqu'il s'agissait de produire le système de compossibles comportant le plus d'essence ou de perfection. Telle était, pour le commentateur

---

1. *Ibid.* p. 138.

2. « D'ailleurs, ce *bien* qui est l'objet de la volonté créatrice n'a et ne peut avoir aucun caractère *moral*; il consiste uniquement dans la "perfection" métaphysique, c'est-à-dire dans le degré d'essence ou de réalité; de sorte que le "principe du meilleur" se réduit à ceci : "Dieu réalise le maximum d'essence ou de réalité", ce qui est une simple conséquence du principe de raison. » (« Sur la métaphysique de Leibniz (avec un opuscule inédit) », *Revue de métaphysique et de morale*, 1902, Paris, P.U.F., p. 17). Sur la finalité, relevant, selon le commentateur, de considérations purement logiques, sur la beauté et la bonté, « toutes rationnelles et métaphysiques », voir *ibid.*, p. 17-18.

« l'origine logique de l'optimisme leibnitien : et c'est pourquoi c'est un optimisme intellectualiste et spéculatif bien plutôt que téléologique et pratique » [1].

Dans le contexte de ces interprétations, qui tendaient à s'imposer, le choix de qualifier de « mystiques » trois dialogues exhumés du fonds de Hanovre avait quelque chose de provocateur. Sans doute était-ce là, dans l'histoire du commentaire, la première remise en cause de la thèse « panlogiste », qui, par sa prétention explicative totale, excluait de fait toute autre source de la philosophie leibnizienne. Baruzi ne contestait pas la place éminente accordée à la logique, mais voyait aussi, dans les mêmes textes que Russell et Couturat alléguaient à l'appui de leur lecture (notamment le *Discours de métaphysique*), l'imprégnation forte d'un « parfait mysticisme chrétien » [2]. L'idée selon laquelle « Dieu seul est notre objet immédiat hors de nous », qu'il est « tout en tous », « uni intimement à toutes les créatures », que seul il « opère sur moi, et seul me peut faire du bien ou du mal », la référence explicite à la pensée de Thérèse d'Avila – « l'âme doit souvent penser comme s'il n'y avait que Dieu et elle au monde » [3] –, tout cela témoignait, aux yeux de l'historien des religions, d'une indéniable inspiration mystique. Ce constat invitait à dépasser une interprétation de Leibniz trop réductrice, sans pour autant lui en substituer une autre (mystique), qui aurait été également univoque. Il s'agissait plutôt de voir dans la logique et la mystique deux sources irriguant et nourrissant la pensée du philosophe :

1. *Ibid.*, p. 13.
2. *Trois dialogues mystiques inédits de Leibniz*, Baruzi, Introduction, p. 9.
3. Voir *Discours de métaphysique*, respectivement art. 28 et art. 32.

Sa logique se confond [...] avec sa pensée mystique sans que nul puisse dire si la première intuition fut toute rationnelle ou toute mystique. Quel profit y aurait-il à le décider? Et comment n'être pas sûr que, dès l'origine, une « logique des anges », comme il disait, aurait fondu les deux attitudes?[1]

D'où le recours à l'expression oxymorique de « mysticisme rationnel », dont les dialogues présentés étaient censés fournir un exemple manifeste. On y trouvait en effet l'exaltation d'un amour de Dieu purifié de toute crainte et de toute espérance, et, dans le même mouvement et de façon indissociable, « la recherche de Dieu dans et par la nature scientifiquement approfondie », c'est-à-dire étudiée par la raison[2].

L'affirmation de ce mysticisme, dont Baruzi a cherché encore, dans ses ouvrages ultérieurs, à préciser la nature et la singularité, en le définissant finalement comme la « recherche rationnelle d'une réalité mystique »[3], n'a pas manqué de susciter des critiques[4]. Au-delà de la formule paradoxale, déconcertante par l'alliance des contraires (raison et mystique) qu'elle opère, cette définition est-elle véritablement éclairante? Ou plutôt: a-t-elle véritablement un sens? On ne s'affranchit pas si aisément de la signification

1. *Trois dialogues mystiques inédits de Leibniz*, Baruzi, Introduction, p. 10.

2. *Ibid.*, p. 9.

3. *Leibniz et l'organisation religieuse de la terre. D'après des documents inédits*, Paris, Alcan, 1907, p. 496; voir aussi *Leibniz. Avec de nombreux textes inédits*, Paris, Bloud, 1909, p. 130-131.

4. Voir notamment Claire Rösler, « Leibniz et la mystique », *Revue de Théologie et de Philosophie*, Genève-Lausanne-Neuchâtel, vol. 142, 2010, p. 301-319; *Leibniz, Mysticism and Religion*, A. P. Coudert, R. H. Popkin, G. M. Weiner (éd.), Dordrecht-Boston-Londres, Kluwer Academic Publishers, « Archives internationales d'histoire des idées », 158, 1998.

usuelle des termes, que l'on ne saurait entièrement redéfinir à sa guise, à moins de risquer la confusion et de donner dans des discours inintelligibles. Si la mystique, prise dans son acception minimale, commence quand les catégories de la pensée rationnelle sont, sinon congédiées, tout du moins suspendues en vue de l'expérience directe et intime de la plénitude divine, alors on voit mal ce que peut avoir de mystique une philosophie qui refuse *absolument* d'abandonner la raison et dont le porte-parole déclare fermement au fidéiste comme au sceptique : « Nous arrêterons d'user de la raison quand Dieu cessera d'être sage ou l'homme d'être rationnel »[1]. Pour qui il est impossible de connaître autrement que par l'intelligence, pour qui il n'y a pas de connaissance véritable, c'est-à-dire digne de ce nom, en dehors de la raison, il n'y a guère de place pour l'intuition mystique. Un tel « rationalisme » – si l'on veut – ne revient pas à nier les mystères que la foi enseigne, mais à considérer que ceux-ci ne doivent pas être contraires à la raison, sous peine d'être rejetés ; qu'ils sont seulement *au-dessus* d'elle, entendue comme cette petite portion de vérités à laquelle notre entendement fini a accès, quoiqu'ils soient parfaitement conformes à la Raison universelle qui contient toutes les vérités et se trouve dans l'entendement divin[2]. La réalité que

1. *Dialogue entre un théologien et un misosophe*, p. 67. Voir aussi la lettre de Leibniz au Landgrave Ernest de Hesse-Rheinfels du 3 novembre 1682 : « Et de vouloir renoncer à la raison en matière de religion est auprès de moi une marque presque certaine ou d'un entêtement approchant de l'enthousiasme, ou qui pis est d'une hypocrisie. On ne croit rien ni en religion ni ailleurs, que par des raisons vraies ou fausses qui nous y portent ; *necessaria sunt motiva credibilitatis* [...] » (A II, 1, 838-839).

2. Cf. *Discours préliminaire de la conformité de la foi avec la raison*, en particulier le § 61 (GP VI, 84).

l'intelligence humaine s'emploie à saisir lui ressemble :
elle n'est pas d'essence mystique. En elle l'intelligence
reconnaît ses principes et ses lois. L'être suprême – Dieu
– que l'esprit veut atteindre est rationnel comme lui, parce
qu'il est la Raison même. Comment pourrait-il alors se
connaître autrement que par la raison ? Il n'y a rien de plus
fondamental que la raison, rien de plus originaire qu'elle,
aucune source extérieure – proprement *irrationnelle* – dont
elle dépendrait et tirerait sa nature. Rien n'est sans raison,
sinon la Raison elle-même.

Les dialogues que l'on va lire ne décrivent pas l'itinéraire
d'une âme qui, une fois débarrassée des apparences sensibles
et des concepts de l'intelligence, dépouillée d'elle-même
et de toutes choses par la vertu de l'ascèse, s'unit à Dieu
dans une expérience extatique ineffable. L'amour dont il
est question dans ces textes n'est pas un abandon ni une
fusion en Dieu, mais le plaisir qui naît de la connaissance
rationnelle, jamais complète et continuellement poursuivie,
de l'être au fondement de ce monde, dont l'homme de
science ne cesse d'admirer l'ordre général et la perfection
des lois.

L'UNITÉ DU SAVOIR ET SA FINALITÉ PRATIQUE

Jean Baruzi a eu le grand mérite de montrer que la
philosophie leibnizienne puisait à différentes sources, sans
qu'il soit possible de décider laquelle devait être privilégiée
par rapport aux autres[1]. Négliger l'une d'elles serait se

---

1. Dans *Leibniz et l'organisation religieuse de la terre*, il écrit,
à propos de la jeunesse de Leibniz : « tout se pénétrait déjà en lui »
(p. 197). « Religion, philosophie, logique, histoire, tout cela, s'entre-
mêlant, s'organisa sans que nul puisse dire selon quelle hiérarchie »
(p. 198).

condamner aux lectures partielles et biaisées. Alors que la
thèse « panlogiste » est aujourd'hui abandonnée [1], qu'une
connaissance plus étendue de l'œuvre de Leibniz – due
aux progrès de l'édition académique – offre l'image d'une
pensée constamment inventive, qui ne s'est jamais figée
en un système achevé et définitif, il convient sans doute
de renoncer à l'interpréter à partir d'une discipline unique
et maîtresse, qui en fournirait la clef, ou à partir d'une
« intuition » primitive et originaire, qui en déterminerait
de manière univoque toute l'orientation et le sens. S'impose
plutôt l'idée de recherches menées conjointement dans
divers domaines (le droit, la logique, les mathématiques,
les sciences de la nature, la métaphysique, la théologie,
ou encore la morale et la politique), qui, loin d'être sans
rapport les unes avec les autres, progressent de concert et
s'influencent mutuellement. Car, pour le philosophe de
Hanovre, toutes les connaissances sont liées : elles forment
un corps continu, semblable à l'océan, où divisions et
frontières disciplinaires sont artificielles et dépendent d'un
certain arbitraire humain [2]. Cette continuité a une double
conséquence dans la conception et la pratique leibniziennes
des sciences :

1. La logique fournit à Leibniz un outil théorique dans sa
construction de la notion de substance, sans que celle-ci ne puisse
être réduite à un sujet logique substantialisé (*cf.* Couturat, « Sur la
métaphysique de Leibniz », p. 9), ni ne soit assimilable au concept
de monade élaboré ultérieurement. Sur ce point, voir Michel
Fichant, « L'invention métaphysique », introduction à *Discours de
métaphysique*, suivi de *Monadologie* et autres textes, Paris, Gallimard,
2004, p. 7-140.

2. Cf. *Introductio ad Encyclopaediam arcanam* [...], A VI, 4-A,
527 ; *De l'Horizon de la doctrine humaine*, Ἀποκατάστασις πάντων
(*la Restitution Universelle*), textes inédits, traduits et annotés par
M. Fichant, Paris, Vrin, 1991, p. 35. Voir aussi *Nouveaux Essais sur
l'entendement humain*, IV, 21, § 1-4, A VI, 6, 522-523.

1. Elle implique un progrès du savoir qui n'est jamais seulement « local », mais toujours général, dans la mesure où toute avancée nouvelle dans un domaine scientifique particulier ne manque pas d'avoir des répercussions (développements, applications, usages) dans les autres, y compris dans ceux en apparence plus « éloignés »; exactement comme l'onde de la vague se propage sur toute la surface liquide, quoiqu'elle puisse être ressentie diversement selon le « lieu » considéré. Leibniz, qui, selon les mots de Fontenelle, « mena de front toutes les sciences »[1], voyait leur unité profonde. Il était convaincu de leur collaboration indispensable et, dans sa pratique, appliquait lui-même ce qu'il recommande dans le *Mémoire pour des personnes éclairées et de bonne intention* (§ 24) :

> On raconte que le fameux Drebbel avait l'imagination si bonne que trouvant un morceau de pierre dans la rue, il se souvint d'un trou qu'il avait remarqué dans un autre endroit, que ce fragment était capable de remplir justement. C'est pour dire que les combinaisons des choses, qui paraissent éloignées, servent souvent à produire des effets singuliers. Et c'est encore la raison pourquoi ceux qui se bornent à une seule recherche manquent souvent de faire des découvertes, qu'un esprit plus étendu, qui peut joindre d'autres sciences à celle dont il s'agit, découvre sans peine.

Chez Leibniz, la diversité des intérêts spéculatifs et des objets d'étude – qui impressionnait déjà ses contemporains – n'est pas le signe d'un esprit éclectique, que la curiosité et le goût de l'érudition feraient se disperser. Elle est la marque d'un esprit capable de mettre

---

1. *Éloge de M. Leibnitz* par Fontenelle, dans *Histoire de l'Académie royale des sciences* (1716; prononcé en 1717), Paris, p. 94.

immédiatement en relation les connaissances et pour lequel une vérité, prise isolément, n'a pas de réelle valeur si elle ne permet pas d'en découvrir d'autres. Les recherches logiques, auxquelles Russell et Couturat accordaient un rôle prépondérant, ne sont donc pas dissociables des autres activités du philosophe : combinées aux réflexions conduites en physique (menant à la réhabilitation des formes substantielles), mais encore à des considérations d'ordre religieux et moral (touchant l'immortalité de l'âme, sa personnalité et sa liberté), elles aboutissent à cet « effet singulier » (selon l'expression du *Mémoire*) qu'est la doctrine de la substance individuelle que l'on trouve exposée dans le *Discours de métaphysique*.

2. L'affirmation de la continuité du savoir remet en cause une vision strictement hiérarchique (en quelque sorte « verticale ») des disciplines, où celle posée comme première (la logique, la théologie, ou même la métaphysique) donnerait ses principes à toutes les autres qui lui sont subordonnées, au profit d'un point de vue plus « horizontal », où les différentes parties de la connaissance concourent et interagissent ; comme l'illustre encore la métaphore marine. Ainsi, le progrès ne s'ouvre pas à la science seulement du côté de ses conséquences et de ses applications (« en aval » pour ainsi dire), mais encore et tout autant du côté de ses principes et de ses lois [1] (« en amont »). Il ne concerne pas

---

1. D'où une généralisation croissante : « On peut même dire que les sciences s'abrègent en s'augmentant, [ce] qui est un paradoxe très véritable, car plus on découvre des vérités et plus on est en état d'y remarquer une suite réglée et de se faire des propositions toujours plus universelles dont les autres ne sont que des exemples ou corollaires, de sorte qu'il se pourra faire qu'un grand volume de ceux qui nous ont précédés se réduira avec le temps à deux ou trois thèses générales. Aussi plus une science est perfectionnée, et moins a-t-elle besoin de

uniquement des disciplines jugées annexes et empiriques, mais aussi celles qui sont *a priori* et traditionnellement considérées comme plus fondamentales. Le savoir humain est appelé à être augmenté, révisé et réformé, au fur et à mesure des découvertes. Cela ne le rend pas pour autant instable ni précaire – résultat qui favoriserait le scepticisme. Si les nouvelles connaissances obligent à des réaménagements et à des corrections nécessaires, elles n'empêchent pas le maintien de vérités et de principes parfaitement établis et sûrs, à l'abri de toute contestation[1].

Le savoir, parce qu'il est « tout d'une pièce » et n'est jamais clos, ne peut être enfermé dans une encyclopédie dont les bornes seraient fixes et les divisions rigides. Il admet au contraire une organisation multiple et souple, bien différente de la partition traditionnelle de la philosophie, héritée de l'Antiquité, entre *physique* (science théorique), *morale* (science pratique) et *logique* (science discursive), où « chaque partie paraît engloutir le tout »[2], parce qu'elle empiète toujours sur les autres. Au lieu de délimiter arbitrairement des champs d'objets distincts (qui en réalité se recoupent), relevant chacun d'une discipline déterminée, Leibniz propose, dans les *Nouveaux Essais sur l'entendement humain*, plusieurs manières de mettre en ordre et d'exposer

gros volumes [...] » (*Discours touchant la méthode de la certitude et l'art d'inventer pour finir les disputes, et pour faire en peu de temps des grands progrès*, août 1688 à octobre 1690 ?, A VI, 4-A, 959).

1. Voir les « établissements » souhaités par Leibniz dans sa lettre à Thomas Burnett (1/11 février 1697), par lesquels « on détermine et achève au moins certains points, et met certaines thèses hors de dispute, pour gagner terrain et pour avoir des fondements, sur lesquels on puisse bâtir » (GP, III, 192).

2. *Nouveaux Essais sur l'entendement humain*, IV, 21, § 1-4, A VI, 6, 522.

les *mêmes* vérités, selon le but que l'on se sera fixé ou l'usage que l'on voudra en faire. Il distingue ainsi, d'une part, la disposition « *synthétique et théorique* », qui suit « l'ordre des preuves », comme en mathématiques, où l'on avance de proposition en proposition, chacune dérivant de la précédente dont elle dépend ; d'autre part, la disposition « *analytique et pratique*, commençant par le but des hommes, c'est-à-dire par les biens dont le comble est la félicité, et cherchant par ordre les moyens qui servent à acquérir ces biens ou à éviter les maux contraires »[1]. À ces deux méthodes d'exposition, qui peuvent d'ailleurs être associées, s'ajoute une troisième, selon les termes, consistant à former « une espèce de répertoire » où les vérités seraient présentées dans un ordre rationnel et commode (systématique, suivant les concepts, ou alphabétique, suivant la langue choisie).

La nature du savoir commande donc la constitution d'une encyclopédie ouverte, dans laquelle l'ordre n'est pas imposé par les choses mêmes, mais choisi par celui qui la constitue en fonction des fins qu'il poursuit. En ce sens, il n'y a pas d'ordre « objectif » de la science[2], ni de commencement assigné d'avance, en dehors de ceux que l'on se donne ; car la liaison des vérités fait que, quelle que soit celle d'où l'on part, il est *en droit* possible d'en dériver toutes les autres, par déduction et/ou par analyse, en remontant à celles qu'elle présuppose. Si toute la connaissance peut être déployée à partir de n'importe

---

1. *Nouveaux Essais sur l'entendement humain*, IV, 21, § 1-4, A VI, 6, *op. cit.*, 524.
2. Même si Leibniz exprime sa préférence pour l'ordre synthétique et théorique. Voir *Discours touchant la méthode de la certitude et l'art d'inventer* […], A VI, 4-A, 959 ; A VI, 4-B, 1595.

quelle discipline, n'importe quelle discipline peut légitimement revendiquer le rang de science première ou architectonique. Elle le sera effectivement au regard de l'ordre d'exposition choisi, qui n'en exclut jamais d'autres possibles. Il en est ici encore comme de l'océan qu'un bateau peut parcourir en empruntant plusieurs routes, selon sa destination et son port d'attache.

« On ne peut rien déguiser dans mon système car tout y a une parfaite connexion »[1]. La philosophie leibnizienne se veut à l'image du savoir qu'elle s'efforce d'embrasser. Elle a l'ambition de former un corps de doctrine unifié et cohérent, dont toutes les propositions se tiennent et s'enchaînent avec ordre. Comme dans l'encyclopédie projetée, il est possible d'y entrer par différentes voies, selon les sujets traités, à travers les exposés divers et toujours partiels qu'en a fournis l'auteur. Cependant, tenter de restituer quelque chose comme un système entier, fixe et achevé, tel qu'en rêvait Russell et quoi qu'en dise Leibniz lui-même, s'avère une entreprise chimérique. Quelle est par conséquent la tâche de l'interprète ? Dans la masse considérable des écrits conservés, témoins d'une intense vie spéculative étalée sur plus de cinquante ans, doit-il se limiter à dégager certains invariants, des principes ou des thèses que le philosophe aurait soutenus sans discontinuer ? Une certaine structure ou un « noyau » théorique permanent pourrait-il ainsi se dessiner ? Cela supposerait d'être absolument sûr qu'une même formule répétée, qu'un même concept employé à différents moments de sa carrière signifient bien toujours exactement la même chose. Faut-il alors se contenter de narrer l'itinéraire d'une pensée en

1. Fragment daté entre 1710-1714 ; Bodemann 58.

perpétuelle évolution, où rien ne serait définitivement arrêté, en s'interdisant tout essai de synthèse et d'interprétation générales ? Ce serait éviter un extrême pour tomber dans l'autre, en perdant cette fois de vue l'*intention* systématique qui anime incontestablement l'œuvre leibnizienne.

Il convient plutôt, selon nous, de trouver le fil conducteur qui, à travers les évolutions théoriques et les changements conceptuels indéniables, a continuellement guidé cette « force inventive jamais lassée »[1]. La question de savoir s'il y a un système, à peu près stabilisé après la correspondance avec Antoine Arnauld (1686-1690), puis constant en son fond malgré quelques modifications ultérieures mineures, ou bien s'il n'y en a pas, ou plusieurs, successifs et à chaque fois incomplets, importe peut-être moins que la possibilité de reconnaître l'orientation qui inspire sans cesse le travail du philosophe de Hanovre. Cette orientation ou cette visée serait-elle, à défaut d'être mystique, fondamentalement religieuse ? Certains textes semblent le suggérer. À ceux qui ne voyaient en lui qu'un « mathématicien de profession », Leibniz déclare qu'en réalité,

> il avait bien d'autres vues, et que ses méditations principales étaient sur la théologie ; qu'il s'était appliqué aux mathématiques, comme à la scolastique, c'est-à-dire seulement pour la perfection de son esprit, et pour apprendre l'art d'inventer et de démontrer ; qu'il croyait d'y être allé à présent aussi loin qu'aucun autre[2].

---

1. Selon la belle formule de Baruzi (« Du *Discours de métaphysique* à la *Théodicée* », *Revue philosophique de la France et de l'étranger*, CXXXVI, 1946, p. 406). Diderot disait aussi de Leibniz : « C'est une machine à réflexion, comme le métier à bas est une machine à ourdissage » (*Réfutation suivie de l'ouvrage d'Helvétius, Œuvres complètes de Diderot*, éd. Assézat, Paris, Garnier, II, 1875, p. 310).

2. *Pour le duc Jean-Frédéric (?)* (automne 1679), A II, 1, 761.

Il écrit encore au duc Jean-Frédéric : « Je n'ai donc pas étudié les sciences mathématiques pour elles-mêmes, mais afin d'en faire un jour un bon usage pour me donner du crédit en avançant la piété »[1]. Le projet d'utiliser la réputation acquise dans les mathématiques au bénéfice de ses « méditations [...] sur la religion » revient dans le post-scriptum d'une lettre à Thomas Burnett (1/11 février 1697), où, après avoir dressé un parallèle entre l'œuvre scientifique, les intentions apologétiques de Pascal et les siennes, Leibniz forme le souhait d'avoir « assez de loisir et de liberté d'esprit pour [s']acquitter de [s]es vœux, faits il y a plus de 30 ans, pour contribuer à la piété et à l'instruction publique sur la matière la plus importante de toutes »[2].

S'appuyant sur ce dernier passage, Michel Fichant parle de « vocation religieuse », ou encore d'un « engagement théologique » qui fut « originel chez Leibniz »[3]. Il renvoie en particulier au grand projet des *Démonstrations catholiques*, mené par le philosophe à Mayence à partir de 1668 (et auquel se rattachent un certain nombre de textes écrits vraisemblablement jusqu'en 1671). Son plan prévoyait, après des prolégomènes contenant les « Éléments de la philosophie »[4], deux premières parties consacrées respectivement à la démonstration de l'existence de Dieu et à l'immortalité de l'âme, suivies d'une « démonstration de la possibilité des mystères de la foi chrétienne » (partie 3), et d'une « démonstration de l'autorité de l'Église catholique » et « de l'autorité de l'Écriture » (partie 4).

1. *Au duc Jean-Frédéric* (automne 1679), A II, 1, 754.
2. GP III, 196 et 197.
3. « L'invention métaphysique », *op. cit.*, p. 25.
4. Ces « Éléments » devaient comprendre les premiers principes de la métaphysique (de l'être), de la logique (de l'esprit), de la mathématique (de l'espace), de la physique (du corps) et de la philosophie pratique (de la cité) (A VI, 1, 494).

L'agencement des différentes disciplines, dans ce vaste programme resté inachevé mais avec lequel l'auteur renouera en 1679, serait guidé, selon M. Fichant, par « la justification philosophique de la religion »[1].

La finalité théologique est incontestable, à condition cependant de garder à l'esprit le sens que donne Leibniz aux termes de *piété* et de *religion*. La piété qu'il s'agit pour lui de promouvoir n'est autre que la justice universelle, encore identifiée à la « vertu morale entière »[2]. Degré le plus haut du droit naturel, elle commande de « vivre honnêtement » ou « selon la probité »[3], c'est-à-dire « de pratiquer toute vertu, de manière à être plus à même de rendre service à la société » et, plus généralement, de contribuer au bien général[4]. Elle concilie l'intérêt privé et l'intérêt commun, parce qu'elle suppose un Dieu qui fait que

> tout ce qui est utile publiquement, c'est-à-dire au genre
> humain et au monde, devienne aussi utile aux particuliers ;
> et ainsi que tout ce qui est honnête soit utile et tout ce
> qui est honteux dommageable. Parce qu'il est constant
> que Dieu a, par sa sagesse, réservé des récompenses aux

1. « L'invention métaphysique », *op. cit.*, p. 28.

2. Voir par exemple : A VI, 1, 51 ; *Nouveaux Essais sur l'entendement humain*, IV, 8, § 12, A VI, 6, 432. La piété est synonyme de « la vraie morale » (*ibid.*, IV, 12, § 11-12, A VI, 6, 454)

3. Voir par exemple : *Nova methodus discendae docendaeque jurisprudentiae* (1667), A VI, 1, 344 (§ 75) ; *Praefatio codicis juris gentium diplomatici* (1693), A IV, 5, 62 ; *Méditation sur la notion commune de la justice* (1703 ?), Mollat, 64 : « la justice universelle est marquée par le précepte suprême : *Honeste, hoc est, probe, pie vivere* [...] ».

4. A VI, 4-C, 2852 ; voir aussi 2850-2851 ; 2855 ; 2858-2859 ; 2860 ; 2863-2864.

justes et des peines aux injustes : et ce qu'il a réservé il le fait s'accomplir par son omnipotence [1].

La piété permet d'envisager un niveau « politique » supérieur : au-delà des États particuliers et de leurs intérêts, l'univers lui-même et sa partie la plus éminente, la communauté des esprits, qui forment une grande cité ou *république* sous le monarque divin. En nous élevant à la considération de ce souverain tout-puissant, parfaitement sage et juste, elle ne nous conduit pas à négliger les devoirs envers nous-mêmes, ni ceux dus aux autres et à la société dont nous sommes membres, mais, au contraire, à les remplir en sachant que *c'est par là* que nous aimons authentiquement Dieu :

> Car en faisant son devoir, en obéissant à la raison, on remplit les ordres de la suprême raison. On dirige toutes ses intentions au bien commun, qui n'est point différent de la gloire de Dieu ; l'on trouve qu'il n'y a point de plus grand intérêt particulier que d'épouser celui du général, et on se satisfait à soi-même, en se plaisant à procurer les vrais avantages des hommes [2].

Parce que Dieu « prend tout ce qu'on fait pour le public comme fait à lui-même » [3], l'aimer c'est travailler, autant que nous le pouvons, à rendre les hommes plus parfaits, « tant en les éclairant pour connaître les merveilles de la souveraine substance qu'en les aidant à lever les obstacles qui empêchent le progrès de nos lumières » [4]. La piété

---

1. *Nova methodus* […], A VI, 1, 344 (§ 75). Voir aussi : A VI, 4-C, 2779 ; A VI, 4-C, 2797.
2. *Essais de théodicée*, Préface, GP VI, 27-28.
3. [*Dialogue entre Théophile et Polidore*], p. 91.
4. *Mémoire pour des personnes éclairées et de bonne intention*, p. 162.

leibnizienne n'a rien d'une foi aveugle ni d'une « dévotion oisive »[1] : elle est toute rationnelle et dirigée vers l'action. Elle consiste en un programme scientifique et pratique, dont sont attendues des applications techniques utiles et dont les implications sont politiques (puisqu'est prévue la création, sous l'égide de l'État, de sociétés savantes et d'académies chargées d'encourager les arts et les sciences, de diffuser le savoir auprès du public et de conseiller les autorités[2]). Ce programme ambitieux, qui exige le concours de toutes « les personnes éclairées et de bonne intention », vise à accroître la connaissance de la nature, où se reflètent les perfections divines, et à contribuer au perfectionnement moral de l'homme, à son bonheur et à l'amélioration concrète de ses conditions d'existence.

La science, cette œuvre collective, mène à la piété ; ou plutôt : la pratiquer est une façon de chanter les louanges de Dieu :

> Je voudrais même qu'on […] fît [tous les efforts possibles pour faire des découvertes dans la nature et dans les arts] par un principe de piété, laquelle serait le fruit d'une science bien entendue, bien loin d'y être contraire, et qu'on considérât la belle sentence d'un païen, qui dit qu'on ne pourrait chanter un plus bel hymne à la Divinité, qu'en publiant les artifices surprenants de la nature. Aussi trouve-t-on que les psaumes de David et les autres hymnes des anciens Hébreux sont tous remplis des marques de l'admiration des ouvrages de Dieu dans la nature ; et que

---

1. « Une dévotion oisive et renfermée en elle-même ne me paraît pas assez solide, et un homme de bien est comme un aimant qui communique sa direction aux autres corps magnétiques qu'il touche » (*À H. W. Ludolf*, 12 octobre 1697, A I, 14, 555). « Dieu ne veut point des méditatifs fainéants » (*À Morell*, décembre 1697-janvier 1698 ?, Grua 120).

2. Nous reviendrons sur ce point dans la partie suivante.

les anciens prêtres et mages étaient les plus grands philosophes et naturalistes. Et il est assuré que plus on connaît les grandes actions de celui qu'on loue, plus on est capable de le bien louer et de l'aimer et honorer sans déguisement et sans flatterie. Autrement c'est comme si quelqu'un qui ne connaît pas la vie d'un grand prince en voulait faire le panégyrique, ce qu'il fera plutôt en flatteur qu'en homme pénétré des vérités qu'il débite. Si nous faisions assez de réflexion là-dessus, la piété serait plus pure et plus effective, et aurait de plus fermes racines dans l'esprit de beaucoup d'hommes qu'elle n'en a présentement, lorsque ce n'est que par imitation et par autorité qu'on se veut mettre à aimer Dieu sans connaître ce qui le rend admirable [1].

Pour Leibniz, la vraie religion est celle qui prône cet amour éclairé de Dieu (fondé sur la connaissance de ses œuvres et de ses attributs), lui-même inséparable de l'amour du prochain. Elle ne se réduit pas à l'observation des rites, des cérémonies, à la simple récitation de formules et à la profession mécanique d'articles de foi [2]. Elle est la religion naturelle, celle que nous enseigne la raison sans le secours d'aucune révélation, et dont les dogmes fondamentaux sont l'existence de Dieu, son unicité, sa grandeur, sa bonté, sa justice, et l'immortalité des âmes, appelées à recevoir le salaire de leurs actions dans l'autre vie. Le christianisme en est l'expression la plus fidèle. Car Leibniz voit en Jésus-Christ un *législateur* qui « acheva de faire passer la religion naturelle en loi, et de lui donner l'autorité d'un dogme

---

1. *À l'électrice Sophie* (12/22 juillet 1699), A I, 17, 37. Voir aussi *Societas Theophilorum ad celebrandas laudes Dei opponenda gliscenti per orbem Atheismo* (automne 1678), A IV, 3, 849-852 ; Grua 91. Le « païen » dont il est question est Galien (*De l'utilité des parties du corps humain*, III, 10).

2. Voir *Théodicée*, Préface, GP VI, 25.

public »[1], et un *prédicateur* capable d'exprimer de façon claire et accessible à tous, jusqu'aux « esprits les plus grossiers »[2], ces vérités de la raison. Ainsi, il réussit seul « ce que tant de philosophes avaient en vain tâché de faire : et les chrétiens ayant enfin eu le dessus dans l'Empire romain, [...] la religion des sages devint celle des peuples »[3].

Le philosophe de Hanovre refuse pourtant de réduire la religion à la seule morale, comme le fait selon lui Spinoza, et estime qu'il est du devoir de chacun de « s'informer s'il y a quelque chose de vrai et de solide dans ces révélations ou religions qui font tant de bruit dans le monde »[4]. Il sait que la religion chrétienne ne se limite pas à la religion naturelle. Elle enseigne en effet des mystères que la raison ne peut atteindre par elle-même et que seule une révélation extraordinaire – celle consignée dans l'Écriture – est capable de délivrer. Cependant, dans ce domaine encore la raison doit s'appliquer : il lui revient d'établir l'autorité de l'Écriture, c'est-à-dire les motifs qui rendent celle-ci digne de foi, de montrer que les mystères enseignés ne sont pas logiquement contradictoires, c'est-à-dire sont possibles, et enfin de résoudre les controverses théologiques au cœur des divisions confessionnelles dont souffre le christianisme (parmi les protestants, et entre les catholiques et les protestants). Ainsi, l'engagement précoce et infatigable de Leibniz en faveur de la réunion des Églises doit être vu comme la conséquence de son engagement en faveur de la raison, considérée comme la seule susceptible de faire la paix entre les hommes, en les réconciliant sur la base

---

1. Voir *Théodicée*, Préface, GP VI, 26-27.
2. *Discours de métaphysique*, art. 37.
3. *Théodicée*, Préface, GP VI, 27.
4. *Au duc Jean-Frédéric* (début 1677), A II, 1, 468-469.

de principes, de dogmes et de maximes philosophiquement fondés.

La vocation théologique ou religieuse se confond donc entièrement avec la vocation philosophique. Elle n'en est pas le prolongement ou la suite, elle en est l'autre nom. Tel est le sens de la célèbre déclaration : « Je commence en philosophe, mais je finis en théologien » ; déclaration souvent citée, mais dont on donne rarement la suite : « Un de mes grands principes est que rien ne se fait sans raison. C'est un principe de philosophie. Cependant, dans le fond, ce n'est pas autre chose que l'aveu de la sagesse divine, quoique je n'en parle pas d'abord »[1]. Commencement et fin coïncident, car philosophie et théologie reposent sur le même principe. Ce principe est à la fois rationnel et divin, puisque la raison est en Dieu et que Dieu est la Raison même, au fondement de toutes les vérités comme de tous les êtres. Faire de la théologie, c'est donc toujours faire de la philosophie (puisque le principe de raison, qui est « un principe de philosophie », s'applique partout sans restriction), mais faire de la philosophie, c'est aussi déjà faire de la théologie (dès lors que le principe de raison est « l'aveu de la sagesse divine »).

La justification de la religion chrétienne s'inscrit par conséquent dans un dessein en réalité plus large, à la fois théorique et pratique. Ce dessein, poursuivi par Leibniz tout au long de sa carrière intellectuelle, répond fondamentalement à une double exigence, dont il aurait pris conscience très tôt. Elle prend la forme de deux axiomes : « Chercher toujours la *clarté* dans les mots et dans tous les autres signes de l'âme, et l'*utilité* dans les

---

1. Fragment daté entre 1710-1714, Bodemann 58.

choses » [1]. Le premier est la base du jugement, la condition à respecter pour éviter l'erreur ; le second est le fondement de l'invention, c'est-à-dire ce qui permet les découvertes. La source de l'engagement philosophique de Leibniz réside certainement là, dans ce double impératif qui appelle une recherche inlassable. Certes, il ne faut sans doute pas accorder trop de valeur à un témoignage autobiographique qui fait remonter la découverte de ces axiomes à l'enfance. Cependant, l'insistance sur le second, sur cet *usage pour la vie* (*ad usum vitae*) que les auteurs anciens, à la différence des modernes (*recentiores*), ne perdaient jamais de vue, mérite d'être relevée. Cette considération de l'utilité s'exprime à travers plusieurs maximes, qu'il faut avoir continuellement présentes à l'esprit : « Dis pourquoi [tu es] là » (*dic cur hic*), « à quoi bon ? » (*cui bono*), « Considère la fin » (*Respice finem*) [2]. Ces maximes valent aussi bien sur le plan spéculatif que sur le plan moral. Le savant qui les observe sera en mesure de trouver plus facilement certaines lois, effets et propriétés de la nature [3], dont la connaissance pourra également être mise à profit (par exemple pour élaborer des remèdes en médecine). Tout homme qui les fait siennes évitera d'employer inutilement son temps et ses efforts, ou encore d'agir précipitamment sous l'empire des passions et des impulsions présentes. Il sera invité à s'arrêter de temps à autre, à s'extraire de l'affaire qui l'occupe, pour regarder ce qu'il fait et se demander pourquoi il le fait. C'est ainsi qu'« on se gardera

    1. *Wilhelmus Pacidius* (deuxième moitié 1671-début 1672?), A VI, 2, 511. Nous soulignons.
    2. *Ibid.* Voir *Mémoire pour des personnes éclairées et de bonne intention*, § 14 et la note 1, p. 164.
    3. C'est la voie des causes finales, par opposition à celle des causes efficientes (voir sur ce point *Discours de métaphysique*, art. 19, 21 et 22).

de s'amuser à des bagatelles ou à ce qui devient bagatelle quand on y est trop adonné »[1]. Le divertissement leibnizien n'est pas dans l'évitement de la pensée douloureuse de notre condition misérable (comme chez Pascal). Il serait plutôt dans la dissipation des talents qui font notre grandeur, en occupations vaines et stériles.

L'utilité des choses – des connaissances comme des actions que l'on entreprend – est une préoccupation qui semble avoir constamment animé la pensée leibnizienne, des réflexions spéculatives les plus abstraites aux nombreux projets et initiatives menés dans les domaines encyclopédique, religieux, juridique ou encore politique. N'est-ce pas parce que le souci de ce qui nous est *vraiment* utile est la tâche même de la philosophie ? La sagesse n'est autre que la « science de la félicité »[2], science la plus importante à cultiver puisqu'elle nous fournit les moyens d'être heureux. L'*Hypothèse physique nouvelle*, adressée en 1671 à la *Royal Society* de Londres, se terminait par cette déclaration sans équivoque : « il faut penser à rapporter les découvertes à l'usage de la vie, *qui est l'unique but de philosopher*, et pour augmenter la puissance et la félicité du genre humain. »[3] Cette application indispensable à la vie est illustrée par la célèbre devise leibnizienne *Theoria cum praxi* (qui sera celle de l'Académie royale des Sciences de Prusse fondée en 1700) : elle rappelle que la vérité n'est pas tant une fin qu'un moyen à notre service.

---

1. Voir Grua 581-582 ; *Nouveaux Essais sur l'entendement humain*, II, 21, § 47, A VI, 6, 195-196.

2. Voir *Elementa juris naturalis* (1670-1671 ?), A VI, 1, 457 ; A VI, 2, 485. Dans un texte plus tardif (1694-1698 ?), Leibniz écrit à propos de cette science : « C'est ce qu'on doit étudier plus que toute autre science, puisque rien n'est plus désirable que la félicité » (Grua 581).

3. *Hypothesis physica nova*, A VI, 2, 257. Nous soulignons.

CIRCONSTANCES ET ENJEUX

Les dialogues que nous éditons ont été rédigés vers 1679. À cette époque, Leibniz était au service de Jean-Frédéric, duc de Brunswick-Lunebourg (1625-1679), prince luthérien converti au catholicisme, qui résidait à Hanovre. Il occupait la charge de bibliothécaire ducal et de conseiller aulique (*Hofrat*). Quoiqu'il n'ait pas été, initialement, directement impliqué dans les négociations auxquelles on travaillait à la cour, en vue de la réunion des Églises luthérienne et romaine, il est certain que ce contexte politico-religieux « irénique » a influencé, sinon motivé, la rédaction de ces textes. Dans ces circonstances où les considérations diplomatiques se mêlaient aux questions théologiques, deux faits méritent d'être soulignés.

Le premier est l'arrivée à Hanovre, en novembre 1677, de Nicolas Sténon (Niels Stensen, 1638-1686), envoyé du pape Innocent XI. Ce savant danois – autre luthérien rentré dans le giron de l'Église romaine – avait abandonné après sa conversion ses recherches en anatomie et en géologie, pour se consacrer exclusivement à la religion et à la propagation de la foi catholique. Devenu évêque de Titiopolis (en Asie mineure) et nommé « Vicaire apostolique des Missions du Nord », il a sans nul doute inspiré le personnage du missionnaire (Poliandre) mis en scène par Leibniz dans le *Dialogue entre Poliandre et Théophile*. Il a peut-être également servi, pour une part, de modèle pour représenter le fidéiste du *Dialogue entre un théologien et un misosophe*, qui rejette l'usage de la philosophie dans la théologie et demande une adhésion sans examen rationnel aux dogmes de l'Église.

Avant même la venue de Sténon, Leibniz a lu et annoté certains de ses écrits théologiques, notamment ses lettres au pasteur calviniste hollandais Jean Sylvius (1634-1699), et à Spinoza[1]. On retiendra quatre thèses majeures – dont les dialogues se feront l'écho –, formulées dès les premiers mois de l'année 1677 à l'encontre des positions de l'envoyé de Rome : 1) touchant le salut, Leibniz considère, contre Sténon, que « tous les hommes de bonne volonté sont sauvés », de sorte que de deux choses l'une « soit aucun homme de bonne volonté n'est en dehors de l'Église romaine, soit la bonne volonté aussi suffit au salut en dehors d'Elle »[2]. 2) Alors que Sténon voit dans la raison naturelle un obstacle à la vraie conversion et prône la croyance aveugle en tout ce que l'Esprit divin enseigne par l'intermédiaire de son Église[3], Leibniz soutient l'accord entre foi et raison et conteste que la parole de Dieu puisse être contraire aux « démonstrations de géométrie et de métaphysique »[4]. 3) Touchant le progrès de nos connaissances, tant en théologie qu'en métaphysique et dans les sciences naturelles, Leibniz ne partage pas la

1. Respectivement : *Nicolai Stenonis ad virum eruditum, cum quo in unitate Sanctae Romanae Ecclesiae desiderat aeternam amicitiam inire, Epistola, exponens methodum convincendi acatholicum juxta D. Chrysostomum ex ejusdem Homilia 33 in Acta Apostolorum,* Florence 1675 ; et *Nicolai Stenonis ad novæ philosophiæ, reformatorem de vera philosophia epistola,* Florence, 1675.

2. A VI, 4-C, 2180-2181. Voir *Conversation du marquis de Pianèse* : « Mais le vouloir ne consistant que dans une forte résolution de s'appliquer à ce qui regarde son salut, il est inutile de chercher la source de la volonté. Car que peut-on souhaiter davantage de Dieu et de la nature ? Ne suffit-il pas de n'avoir besoin que de volonté ou d'attention pour être ou heureux ou inexcusable ? » (p. 114) « [Dieu] nous tiendra bon compte, non seulement de l'événement, mais encore d'une bonne volonté sans effet si elle a été sincère et ardente […] » (p. 148).

3. Voir par exemple : *Defensio epistolæ de propria conversione*, in *Opera theologica*, vol. I, éd. K. Larsen et G. Scherz, Copenhague, Nyt Nordisk Forlag, 1944, p. 416-427.

4. A VI, 4-C, 2201.

défiance de Sténon à l'égard du pouvoir de la raison[1], car il estime que « pour aimer Dieu il faut le connaître ; c'est-à-dire il faut avoir quelque notion de ce qu'on appelle Dieu et cette notion doit être capable de donner de l'amour ». Si le savant danois est désormais « dégoûté de la philosophie », c'est qu'il n'a pas « éprouvé la force des démonstrations métaphysiques ». Or ces démonstrations, que le philosophe allemand se flatte de posséder, se concilient parfaitement avec la religion chrétienne et peuvent même « donner ici-bas l'avant-goût d'une éternelle vie »[2]. 4) Enfin Sténon ignore, comme d'autres, la nature du véritable amour de Dieu, « qui est pourtant le principe de la vraie religion »[3] – ignorance dont se désoleront encore Théophile dans le *Dialogue entre Poliandre et Théophile* et l'ermite dans la *Conversation du marquis de Pianèse*[4]. Or « cet amour est plus grand à mesure qu'on est plus éclairé. Ceux qui l'ont par démonstration l'ont plus

---

1. Cette défiance est confirmée dans une lettre de Sténon à Leibniz de novembre 1677 (A II, 1, 577-578). Il considère ainsi que « toutes les paroles dont nous nous servons de Dieu et de l'âme, n'ont [pas] plus de rapport pour nous en expliquer leur nature que quand on prend les paroles de l'attouchement pour expliquer des propriétés des couleurs » (578). Voir aussi la fin de la première lettre à Jean Sylvius : « [...] les raisons humaines ne valent rien, à moins que nous n'obtenions de Dieu la grâce de déceler l'erreur des opinions reçues, de reconnaître la vérité et de l'embrasser une fois reconnue » (*Opera theologica*, vol. I, p. 31 ; voir aussi p. 58). Notons cependant que Sténon se montre parfois plus modéré, puisqu'il admet l'usage de la raison pour interpréter l'Écriture et prouver la vérité de l'Église catholique.

2. A VI, 4-C, 2201-2202.

3. A VI, 4-C, 2200.

4. « Et moi je soutiens que peu de gens savent ce que c'est que l'amour de Dieu » (p. 82). « J'ai souvent remarqué que ceux qui ne sont pas touchés de ces beautés [de la nature] ne sont guère sensibles à ce qui se doit véritablement appeler amour de Dieu. Car je sais bien que plusieurs n'en ont pas une véritable idée. » (p. 146).

fermement et plus parfaitement, pourvu que la pratique soit conforme à la théorie; ce qu'on obtiendra par l'exercice »[1]. En renonçant à ce qu'il appelle la « présomption philosophique »[2], l'envoyé de Rome s'en remet à la seule autorité de l'Église en matière théologique. Et en se détournant de l'étude de la nature, il ne se rapproche pas de Dieu : au contraire, il s'éloigne de l'amour divin authentique qui, pour Leibniz, se nourrit de science[3]. Celle-ci perd ainsi un « grand physicien », quand la religion ne gagne qu'un « théologien médiocre »[4].

Il importe donc au plus haut point de définir avec rigueur ce qu'est l'amour de Dieu. Ce sera le sujet central des dialogues. Leibniz en traite déjà dans des textes datés entre 1677 et le début de l'année 1678, auxquels est donné le titre *Éléments de la Vraie piété, ou de l'Amour de Dieu sur toutes choses*. Le but est de fournir une méthode sûre pour parvenir à cet amour qui produit dans l'âme la plus grande joie possible, ou encore d'enseigner « l'art d'aimer Dieu »[5]. Le philosophe distingue soigneusement cet amour solide, fondé en raison, de l'enthousiasme sentimental, éphémère et parfois dangereux – par les excès et les

---

1. A VI, 4-C, 2200.
2. *Nicolas Sténon à Leibniz* (novembre 1677), A II, 1, 578.
3. Leibniz déplore ce renoncement de Sténon, « car bien loin que cela [l'étude de la nature] fasse obstacle à la piété, au contraire cela donne plutôt un sujet perpétuel de louanges divines » (*À Conring*, 3/13 janvier 1678, A II, 1, 579).
4. *Théodicée*, § 100, GP VI, 158. Cela n'a pas empêché Leibniz de tirer un profit intellectuel de sa rencontre avec Sténon, auquel il soumit le texte de la *Confessio Philosophi* (rédigé lors du séjour parisien; A VI, 3, 116-149) et avec lequel il discuta de la liberté (voir *Conversatio cum Domino Episcopo Stenonio de libertate*, 27 novembre/7décembre 1677, A VI, 4-B, 1375-1383).
5. A VI, 4-B, 1366.

errements auxquels il donne lieu – d'une foi sans intelligence :

> Je reconnais certes que nombreux sont ceux qui ont l'esprit joyeux et tranquille, que nombreux sont ceux aussi qui passent pour pieux et montrent un certain zèle, auxquels il manque pourtant le vrai amour de Dieu ; mais leur joie subsiste par hasard (*casu*), puisqu'elle ne se fonde sur aucune démonstration certaine ; et ne peut être toujours suscitée, parce qu'elle naît d'une impulsion de l'âme et non d'une méthode sûre et de la raison. Car l'état (*affectus*) de certains relève de l'imagination plutôt qu'il n'est l'œuvre de l'esprit, et le style imposant, les métaphores hardies avec lesquels ils pratiquent la théologie mystique, produisent l'ardeur sans la lumière. La plupart du temps ils ne comprennent pas ce qu'ils disent, et ne s'en soucient pas, pourvu qu'ils disent des choses étonnantes, par lesquelles sont transportées les âmes trop délicates, bouleversées comme en extase. Or la piété solide diffère de la fureur sacrée autant que le courage résolu de l'homme prudent de la témérité de l'esprit égaré. Je reconnais certes qu'il vaut mieux une piété, quelle qu'elle soit, qu'aucune, et que je préfère des personnes enflammées d'un zèle privé de science que des personnes tièdes, auxquelles il manque toute intelligence comme tout soin des choses divines ; cependant il ne faut pas cacher le danger dans lequel se jettent ces bonnes âmes, à l'instar de ceux qui, enivrés par un breuvage puissant, ne sont ensuite plus maîtres d'eux-mêmes. Car la moindre chose les met en branle, et souvent ils causent un grand mal aussi bien à l'État qu'à eux-mêmes, eux qui, prêts à faire et à souffrir n'importe quoi pour la cause de Dieu, manquent de principes sûrs et se laissent mener par des hommes doués pour l'éloquence et dissimulant peut-être leur ambition sous les dehors de la religion. On ne peut donc mieux

faire pour les guérir que de les rendre capables de ces raisons qu'ils haïssent la plupart du temps, eux qui sont convaincus en effet que toutes choses qui demandent de l'intelligence ou qui requièrent du jugement sont mondaines. Comme si en effet Dieu n'était pas la souveraine sagesse, ou comme si la vérité était autre en Dieu que chez les hommes. Mais s'ils se montraient une fois attentifs aux raisons, il faut espérer qu'ils seraient capables de démonstrations et ne suivraient pas la vérité, maintenant connue, avec une ardeur moindre que celle qu'ils mettaient avant à suivre des opinions légères. [1]

La prétendue vanité de la science, la croyance en l'équivocité de la vérité, le rejet de la raison au profit de l'imagination, mais encore l'appel à l'attention, « le plus grand don de la grâce », condition nécessaire de cette réforme spirituelle qui promet la connaissance et un bonheur sans fin, tous ces thèmes seront développés dans les dialogues. Il ne fait aucun doute qu'ils avaient fait l'objet de discussions avec les représentants catholiques présents à Hanovre : Sténon, bien sûr, mais aussi Christophe de Rojas y Spinola (1626-1695), l'envoyé de l'empereur Léopold I er, évêque de Thina (Knin en Dalmatie), pour qui toute évidence se ramenait en dernière instance à l'autorité [2].

Un second fait, ou plus exactement une conjoncture religieuse favorable, est également à prendre en compte dans l'explication de la genèse des dialogues. En 1679, les conditions d'une réconciliation des Églises semblent plus que jamais réunies. En février, Leibniz annonce à Bossuet que son *Exposition de la doctrine de l'Église*

---

1. A VI, 4-B, 1364-1365.
2. Voir A VI, 4-A, 124. Rojas y Spinola effectua deux missions à Hanovre en 1676 et en 1679.

catholique sur les matières de controverse (1671) a été bien accueillie à Hanovre y compris par les théologiens luthériens[1]. Il admire lui-même le livre – qu'il avait projeté de traduire en latin en y joignant une préface –, dans lequel l'auteur montre que l'Église romaine et les protestants ne s'opposent pas sur les articles fondamentaux de la foi, et rappelle très opportunément que « tout culte religieux se termine à Dieu »[2]. Bossuet lui répond que l'*Exposition* a également été approuvée par le pape dans un bref du 4 janvier 1679. Cette approbation, à laquelle Leibniz ne s'attendait guère, est selon le philosophe allemand « un grand coup, qui pourra faire son effet un jour, et contribuer au rétablissement de la paix de l'Église »[3]. Elle lui cause « une joie extraordinaire », confie-t-il à la mi-juin au duc Jean-Frédéric, car elle lui semble « de très grande importance » et propre à « réunir les esprits », à condition que quelques points, bien que non fondamentaux, soient encore éclaircis[4]. Il se prend à « espérer je ne sais quoi de bon ; car les esprits sont disposés plus que jamais »[5].

Autre signe encourageant envoyé par Innocent XI : sa condamnation, en mars, de soixante-cinq propositions de morale. Les jésuites sont particulièrement visés. Le probabilisme que certains d'entre eux défendent – et qui,

---

1. *À Bossuet* (février ? 1679), A I, 2, 428.

2. Voir *Versio Expositionis doctrinae Ecclesiae Catholicae Episcopi Condomensis cum praefatione mea* (1678-mai 1679), A IV, 3, 194.

3. *À Bossuet* (1 er juin ? 1679), A I, 2, 482.

4. *Au duc Jean-Frédéric* (mi-juin 1679), A I, 2, 176. Ces points sont sans doute ceux qu'évoquait déjà Leibniz dans son projet de préface : les anathèmes contre les protestants, la transsubstantiation, les abus de l'Église romaine, la communion (A IV, 3, 195). Voir aussi *Au duc Jean-Frédéric* (automne 1679), A I, 2, 228.

5. *Au duc Jean-Frédéric* (juin ? 1679), A I, 2, 181.

dans les cas douteux, autorise, entre deux opinions contraires, à embrasser la moins probable – est censuré, tout comme l'idée que l'amour de Dieu et du prochain ne serait pas une obligation du chrétien – opinion que Leibniz également réprouve[1]. Tombaient notamment sous le coup de l'interdiction papale les propositions suivantes :

V. Nous n'osons pas condamner de péché mortel celui qui ne produirait qu'une seule fois en toute sa vie un acte d'amour de Dieu.

VI. Il est probable que le précepte de l'amour de Dieu par soi n'oblige pas même à la rigueur tous les cinq ans.

VII. Il n'oblige seulement que quand nous sommes obligés d'être justifiés, et qu'au cas que nous n'ayons que cette voie pour obtenir notre justification.

[...]

X. On n'est pas obligé d'aimer le prochain par un acte interne et formel.

XI Nous pouvons satisfaire au précepte de l'amour du prochain par des actes seulement externes.

[...]

LVII. Il est probable qu'une attrition qui n'est que naturelle suffit, pourvu qu'elle soit honnête.[2]

---

1. Sur le caractère prétendument non nécessaire de l'amour divin, voir *Dialogue entre Poliandre et Théophile* (p. 82-83). Voir aussi *Au Landgrave Ernest de Hesse-Rheinfels* (2/12 septembre 1691) : « la nécessité de l'amour de Dieu sur toutes choses est le point le plus important de la religion » (A I, 7, 140). Sur le lien entre amour divin et amour du prochain, voir [*Dialogue entre Théophile et Polidore*] : « [...] nous devons témoigner l'amour suprême que nous portons à Dieu par la charité que nous devons au prochain. » (p. 102-103) ; Grua 500 : « Il n'y a point de marque plus belle et plus certaine de la véritable piété que celle que donne la Sainte Écriture, qu'on ne saurait aimer Dieu qui est invisible quand on n'aime point son prochain qui est visible ».

2. *Décret de N. S. P. le Pape Innocent XI contre plusieurs propositions de morale* (1679), p. 7-9 et p. 17.

Plusieurs théologiens jésuites, au premier rang desquels Luis de Molina (1535-1600), soutenaient que la contrition, ou pénitence fondée sur l'amour divin, était nécessaire avant Jésus-Christ et en dehors de l'Église pour être sauvé. Elle ne l'était plus depuis la venue du Christ et l'institution des sacrements. Dieu avait en effet rendu le salut plus facile, en donnant aux pécheurs le moyen d'être justifiés par la simple attrition (qui repose sur la crainte des châtiments de l'Enfer), jointe à l'administration du sacrement de pénitence par l'Église[1]. Si Leibniz estime que les jésuites ont raison, contre les jansénistes, d'affirmer que les païens qui aiment Dieu sincèrement sont sauvés[2], il considère en revanche qu'ils ont tort d'affirmer que les catholiques, grâce aux sacrements, ne sont plus obligés à l'amour de Dieu. Il loue les jansénistes (en particulier Arnauld) de les avoir repris sur ce dernier point, et se réjouit qu'ils aient été suivis là par Rome. Comme il l'écrira au Landgrave Ernest de Hesse-Rheinfels,

> L'Église a deux grandes obligations à Monsieur Arnauld et à ses amis ; l'une d'avoir établi excellemment ce grand principe de la nécessité de l'amour de Dieu sur toutes choses, l'autre d'avoir travaillé avec succès contre les corrupteurs de la morale chrétienne.[3]

1. Voir *Pour Paul Pellisson-Fontanier* (début août ? 1690), A I, 6, 82-83. *Cf.* Molina, *De Justitia et Jure*, tract. 5, disp. 59. Comme le note Leibniz dans sa *Réponse [...] au discours de M. l'abbé Pirot touchant l'autorité du Concile de Trente en France* (15 juin 1693 ; A I, 9, 138), les jésuites pouvaient s'appuyer sur le Concile de Trente, Session XIV, chapitre IV intitulé « De la contrition ».

2. Voir *Au Landgrave Ernest de Hesse-Rheinfels* (14 septembre 1690), A II, 2, 340-341 ; *Dialogue entre Poliandre et Théophile*, p. 80.

3. *Au Landgrave Ernest de Hesse-Rheinfels* (4/14 août 1683), A I, 3, 311.

En défendant le vrai amour de Dieu, contre « une piété contrefaite et cérémonielle », les jansénistes n'ont pas seulement œuvré à la réforme interne du catholicisme, ils ont encore préparé la paix avec les protestants : « [...] car plus ils détruiront d'abus, et plus rendront-ils la réconciliation aisée » [1].

L'approbation par les deux partis (luthérien et catholique) de l'*Exposition* de Bossuet et, la même année, la condamnation par la Souverain Pontife de la morale « relâchée » des jésuites semblent offrir les meilleures conditions de réussite au projet de réunion des Églises. Leibniz juge qu'il faut absolument tirer parti de la situation [2]. C'est pourquoi il estime urgent de « reprendre sous main [s]es travaux en ces matières » [3]. Comme le montrent ses lettres au duc Jean-Frédéric, il entend travailler à l'union en apportant deux sortes de contributions, les unes se situant à un niveau plus théorique et général, les autres relevant d'un plan plus pratique, sinon pragmatique, où se mêlent des considérations d'ordre politique, diplomatique et religieux. D'une part en effet, il souhaite renouer avec le programme de travail des *Démonstrations catholiques* esquissé à Mayence, sous le patronage du baron de Boinebourg [4] ; d'autre part, il envisage la rédaction d'écrits qui pourraient servir de base à la négociation. Il évoque

1. *Au Landgrave Ernest de Hesse-Rheinfels* (2/12 septembre 1691), A I, 7, 141-142.

2. Voir *Au duc Jean-Frédéric* (juin? 1679), A I, 2, 182; *Au duc Jean-Frédéric* (automne 1679), A II, 1, 759. Voir aussi *À Huet* (1/11 août 1679), A II, 1, 736.

3. *Au duc Jean-Frédéric* (juin? 1679), A I, 2, 181.

4. *Au duc Jean-Frédéric* (automne 1679), A II, 1, 756-757. Leibniz lie explicitement la réussite de ce dessein au projet de « nouvelle langue ou caractéristique », qui devra permettre de rendre les démonstrations incontestables, en réduisant tout raisonnement à un calcul (*ibid.*, 758).

d'abord un texte qui, sous la forme d'un dialogue, permettrait de comparer les positions en présence, de les discuter, et d'exposer de manière impartiale les points d'accord et en litige[1]. Il suggère ensuite l'expédient suivant : composer un écrit « comme fait par un catholique pour convertir un protestant », où seraient énoncées un certain nombre de propositions relatives à la doctrine, à la pratique religieuses et à l'institution ecclésiale, propositions qu'il espère voir approuver par Rome[2]. L'obtention de cette approbation – qui exigera la tenue de négociations secrètes dans lesquelles Leibniz souhaite être impliqué[3] – est considérée comme un préalable à la réalisation effective du projet des *Démonstrations*.

Quelle place occupent les dialogues dans ce contexte et quel rôle jouent-ils dans la stratégie élaborée par Leibniz? Ils semblent avoir un statut intermédiaire. Si leur forme dialoguée et donc plus « libre » ne permet pas de les rattacher directement aux *Démonstrations catholiques*, ils traitent néanmoins de sujets qui y ont trait (ressortissant aux parties I et II du plan envisagé) : l'existence et la nature de Dieu, l'âme et son immortalité, la possibilité des mystères chrétiens. Ils ne sauraient davantage être lus comme des documents spécifiquement destinés à préparer les pourparlers iréniques, car ils n'entrent pas dans l'examen de la foi catholique et des points de la doctrine du Concile de Trente jugés problématiques par les protestants. Ils portent cependant sur l'amour de Dieu, cet article que Leibniz regarde comme absolument fondamental, sur lequel doit reposer l'union désirée. Ils abordent même des questions

---

1. Voir *Au duc Jean-Frédéric* (juin? 1679), A I, 2, 181.
2. Voir *Au duc Jean-Frédéric* (automne 1679), A I, 2, 227-228.
3. Voir *Au duc Jean-Frédéric* (automne 1679), A I, 2, 229 (point 4).

plus particulières, sur lesquelles les théologiens des deux bords devront tomber d'accord pour que la réconciliation soit possible : les réquisits du salut, le rapport à l'Écriture sainte, le rôle de la tradition, les modalités du culte, les rites et les cérémonies. Enfin, les dialogues, notamment ceux écrits en français, appartiennent certainement à cette catégorie de textes que Leibniz destinait à un public plus large que celui des philosophes et théologiens de profession, qui n'était pas forcément à l'aise avec le latin. Ils servent d'intermédiaires entre le monde savant et l'honnête homme (prince, homme de cour, esprit bien né et cultivé). Ils sont un moyen de toucher ce dernier, de l'exhorter à la pratique de la vraie piété, sans entrer dans des débats théologiques subtils ni faire de prosélytisme particulier en faveur de tel ou tel parti religieux, mais en le gagnant au parti de la raison.

Le duc Jean-Frédéric meurt le 28 décembre 1679. Son plus jeune frère, Ernest-Auguste (1629-1698), lui succède. Ce dernier n'a pas comme son prédécesseur le goût des sciences et des arts. Leibniz n'entretiendra pas avec lui les mêmes rapports de confiance. Les négociations iréniques reprennent à Hanovre en 1683 entre Rojas y Spinola et Molanus (1633-1722), abbé luthérien de Loccum, sans que notre philosophe n'y participe directement. Elles n'aboutiront pas à un accord et la révocation de l'Édit de Nantes en 1685 mettra fin, pour un temps, aux efforts de paix engagés entre protestants et catholiques.

Cependant, la piété n'est pas qu'une affaire de théologiens, puisqu'on l'a vu, elle doit être le fruit de la science. Et en ce domaine, c'est une autre sorte d'union qu'il faut tâcher d'établir. En matière religieuse, il s'agissait de s'accorder sur des dogmes fondamentaux communs, par-delà les différences confessionnelles. En matière scientifique, il s'agit de faire converger les efforts individuels des savants, par-delà leurs ambitions personnelles et en dépit de leur dispersion géographique ; de faire en sorte qu'ils communiquent entre eux et partagent leurs découvertes, tout en recueillant soigneusement les connaissances accumulées jusque-là (y compris celles transmises dans les divers corps de métier), afin d'accroître le savoir et d'en tirer le plus grand avantage pour l'humanité.

Le *Mémoire pour des personnes éclairées et de bonne intention*, que nous publions en appendice, rédigé entre 1692 et 1695, témoigne de l'importance, aux yeux de Leibniz, de ce projet d'union des savants, apparu dès ses écrits de jeunesse et poursuivi avec constance. En 1669, il envisage la création d'une « Société philadelphique », c'est-à-dire mue par l'amour du prochain – puisqu'elle tend à « promouvoir l'utilité du genre humain (et principalement la médecine) »[1] (§ 22) –, destinée à mettre en relation érudits et hommes de science. Il juge en effet que « les arts et les sciences seront augmentés autant qu'il est possible par une *correspondance* universelle, et par des *recherches* très assidues sur la nature » (§ 8). Il est certain que le travail collectif d'une société apportera infiniment plus de fruit que les travaux isolés des individus (§ 10)[2]. Comme le montrent les nombreux plans qu'il concevra par la suite – « Société des érudits d'Allemagne », « Société des arts et des sciences en Allemagne », projets d'une « Académie en Saxe », d'une « Société des sciences en Prusse », d'une « Société impériale allemande », ou encore d'une « Société

1. A IV, 1, 554.
2. *Ibid.*, 553.

des sciences en Russie »[1] –, Leibniz voit dans la société ou l'académie à fonder l'instrument d'un progrès sans précédent des connaissances et des techniques. Elle constitue pour lui le moyen d'une collaboration féconde et d'une coordination efficace entre les savants, en même temps qu'elle donne une direction à leurs travaux. Le modèle d'organisation et d'administration est principalement fourni par les sociétés et académies déjà existantes en France (Académie française, Académie royale des sciences), en Angleterre (*Royal Society*), en Italie (*Accademia della Crusca, Accademia del Cimento*), mais s'inspire aussi de la « Maison de Salomon » imaginée par Bacon dans son utopie la *Nouvelle Atlantide* (1627), et des ordres religieux, notamment des jésuites, dont Leibniz admire la discipline, l'œuvre éducative et missionnaire. C'est sur ce dernier exemple que le philosophe conçoit en 1678 une « Société des amis de Dieu » (*Societas Theophilorum*), ou encore une « Société ou ordre de Charité », qui serait composée d'une part des « contemplatifs », occupés à l'étude de la nature et aux sciences, d'autre part des « actifs », travaillant à secourir les malheureux[2].

Les institutions qu'il projette ont souvent une coloration nationale et parfois même une orientation clairement patriotique. Les applications pratiques attendues de la science, le bien-être et la prospérité économique qu'elle ne manquera pas d'apporter, les inventions techniques qui accompagneront ses avancées devront profiter prioritairement

---

1. Ces projets et plans ont été édités pour partie par Foucher de Careil *in* FC VII, 20-418. Voir aussi A. Harnack, *Geschichte der königlich preussischen Akademie der Wissenschaften zu Berlin*, volume II, Berlin, 1900, p. 3-232.

2. Voir A IV, 3, 847-852.

aux États qui abritent et favorisent ces sociétés et académies. Cependant, la coopération scientifique ne saurait s'arrêter aux frontières nationales ni se limiter à la satisfaction des intérêts particuliers des princes. Car l'accroissement du savoir nécessite une association plus large avec les savants, les sociétés et les académies des autres pays. Le but de ces institutions est en réalité universel : il est de travailler au bonheur de l'homme, au-delà des appartenances nationales, des allégeances politiques et confessionnelles, et ainsi d'œuvrer à la gloire de Dieu. Rappelons-le : pour Leibniz, la recherche de la félicité sur terre n'est pas contradictoire avec la piété ; au contraire, elle est la marque du véritable amour de Dieu, chez ces missionnaires laïques chargés de répandre partout la connaissance et de s'atteler à « la *propagation de la vraie foi par les sciences* parmi les peuples au-delà de Moscou et de la Chine »[1].

Notre philosophe élabore ces projets d'académies et de sociétés en même temps qu'il réfléchit à la constitution de l'encyclopédie et en rédige des plans. Les deux desseins sont étroitement liés. Si les textes relatifs à la fondation d'institutions scientifiques s'adressent plutôt aux autorités politiques, et insistent sur les avantages pratiques que le prince pourrait retirer d'un soutien aux arts et aux sciences, les écrits concernant l'encyclopédie sont en revanche davantage destinés aux savants et aux érudits, invités à participer concrètement à l'œuvre de progrès que l'on prépare. Ces écrits[2] s'attachent à décrire l'état des lieux des connaissances humaines, la manière d'organiser les différentes disciplines, de rendre le savoir disponible et utile (pour favoriser l'invention), et de conduire

---

1. *Société des Sciences en Prusse*, FC VII, 280.
2. Voir notamment les textes publiés dans A VI, 4-A, rédigés entre la fin des années 1670 et 1690.

collectivement et avec méthode le travail scientifique. Trois conditions semblent devoir être réunies pour faire progresser les sciences :

1. Il faut que les savants s'accordent pour mener de concert des recherches dont le plan précis aura été préalablement défini. Ce qui suppose, en premier lieu, de dresser un inventaire général des connaissances acquises, pour savoir ce que l'on connaît déjà, ce dont on est sûr et ce qui est encore à démontrer et à découvrir. Leibniz estime qu'il en est du savoir des hommes comme d'une grande boutique ou d'un magasin mal tenu, où tout est entassé pêle-mêle, où rien n'est rangé, où n'existe même aucun registre ni catalogue de ce que l'on possède[1]. Il importe donc de mettre de l'ordre dans ce dépôt, en répertoriant les connaissances certaines, les faits attestés, les observations utiles, consignés dans les livres, mais aussi tous ceux, innombrables, non écrits, répandus parmi les hommes et conservés dans chaque métier[2]. Car l'encyclopédie ne se réduit pas aux matières purement théoriques et *a priori* : elle est ouverte à l'expérience, à l'histoire, à tout ce qui relève de la conjecture et du probable. Elle est un vaste domaine dont il faut dessiner les contours, avec ses terres connues, ses chemins balisés et ses étendues ignorées, ses routes à explorer[3]. Une fois cette carte établie, il conviendra de répartir la tâche entre les savants, d'assigner à chacun tel ou tel champ de recherche selon ses forces, ses talents et ses goûts, en s'assurant d'une bonne communication

---

1. Voir *Nouvelles ouvertures* (avril à octobre 1686 ?), A VI, 4-A, 691 ; *Discours touchant la méthode de la certitude et l'art d'inventer pour finir les disputes, et pour faire en peu de temps des grands progrès* (août 1688 à octobre 1690 ?), A VI, 4-A, 956.

2. Voir *ibid.*, 959-960.

3. Voir A VI, 4-A, 696.

mutuelle, de manière à pouvoir avancer ensemble d'un pas sûr.

2. Le succès de cette collaboration, et de l'entreprise qu'elle sert, repose sur le respect de ce que l'on pourrait appeler une « éthique du savant ». Chacun doit faire siennes les maximes suivantes : n'être d'aucune école, ne défendre aucune secte, mais reconnaître pour seul maître et unique autorité « la divine vérité », en la recherchant « sans aucune affectation de singularité ou de nouveauté »[1]. Car rien n'est plus nuisible au progrès de la science que l'esprit de parti et de dispute, qui oppose les savants entre eux et les engage dans des controverses vaines et perpétuelles, où la seule ambition est d'établir sa gloire personnelle sur les ruines de la réputation d'autrui, au détriment même de la vérité[2].

3. Ce travail collectif et colossal, que les générations futures seront appelées à poursuivre, requiert le patronage et l'appui financier d'un État. Leibniz sait que la bonne volonté d'un seul homme ou même de plusieurs, aussi éclairés et bien intentionnés soient-ils, ne saurait suffire à réaliser un projet si ambitieux. Les sciences ne pourront se développer sans le soutien, la protection et l'autorité d'un prince qui en aura compris l'importance pour son État, le bien de ses sujets et de l'humanité. La science a besoin de la politique : il faut donc allier la sagesse à la puissance. « Il ne faut qu'une ferme résolution d'un grand prince, pour faire réussir les plus beaux desseins »[3]. Un monarque suffisamment puissant et éclairé, amateur de

1. A VI, 4-A, 695 et 703.
2. Voir A VI, 4-A, 692 et 698.
3. *Ibid.*, 693. Un prince est « une image de Dieu d'une manière plus particulière que les autres hommes ». Il est pareil à une montagne ou à un océan, « dont les mouvements extraordinaires peuvent

gloire et dégagé des soucis de la guerre, pourrait faire beaucoup et en peu de temps[1]. Leibniz le cherchera toute sa vie, ce protecteur visionnaire et mécène : en France et dans les cours de l'Empire germanique, jusqu'au Tsar de Russie.

On retrouve l'énoncé de ces trois conditions dans le *Mémoire*, quoiqu'il s'adresse à un public plus étendu que celui des « savants » au sens strict, puisqu'il est écrit pour toute personne « éclairée et de bonne intention », c'est-à-dire douée de lumières et animée d'une bonne volonté. Concernant la première condition, Leibniz rappelle la nécessité de constituer un « inventaire général » contenant « les vérités de conséquence qui sont déjà trouvées » (§ 13). À cette fin, rien n'est à négliger, parce que « tout a son usage » (§ 22) : il n'est aucun art, aucune profession ou pratique dont on ne puisse tirer des enseignements et des observations utiles qu'il convient d'enregistrer. Le philosophe ne s'étend pas, cependant, sur l'organisation des connaissances au sein de l'encyclopédie ni sur la planification des recherches à mener[2].

Touchant la deuxième condition, il réitère sa critique du désir d'originalité et de l'esprit de secte (§ 25). Mais il ajoute deux principes : l'un de métaphysique et de morale, « que le monde est gouverné par la plus parfaite intelligence qui soit possible » (§ 9), Dieu, défini comme monarque « tout-puissant et souverainement sage, et dont les sujets sont tous les esprits » ; l'autre « purement de pratique »,

---

faire d'étranges effets dans le changement de l'ordre des choses » (*Conversation du marquis de Pianèse*, p. 154-155).

1. Voir *Discours touchant la méthode de la certitude* […], A VI, 4-A, 955-956.

2. À ce propos, il écrit au § 13 : « j'ai assez médité là-dessus pour pouvoir entrer dans un grand détail, s'il était lieu ici de le faire ».

« que plus les esprits sont de bonne volonté et portés à contribuer à la gloire de Dieu, ou (ce qui est la même chose) au bonheur commun, plus ils prendront part à ce bonheur eux-mêmes. Et s'ils y manquent, ils se trouveront punis indubitablement » (§ 10). L'homme éclairé doit conclure de ces deux principes qu'il trouvera son propre bonheur en travaillant au bien général, lequel consiste en « l'acheminement à la perfection des hommes, tant en les éclairant pour connaître les merveilles de la souveraine substance qu'en les aidant à lever les obstacles qui empêchent le progrès de nos lumières » (§ 11).

Certes, Leibniz ne semble pas faire de cette profession de foi, non confessionnelle et pour ainsi dire « théiste », une obligation pour le savant, au même titre que le sont l'exigence d'impartialité et le souci de la vérité. Il considère cependant que l'adhésion à ce *credo* minimal dispose au mieux l'homme à la science, en même temps qu'elle le porte à l'amour de Dieu. La base de la réunion des Églises comme des « personnes éclairées et de bonne intention », ou plutôt le lien de la société à bâtir, qu'elle soit communauté spirituelle (réconciliée) ou communauté scientifique, est toujours le même : l'amour de Dieu, la seule exigence absolument indispensable. Amour dont les œuvres – charité envers le prochain et pratique des sciences – marquent l'authenticité et la vigueur.

Enfin, l'appel au soutien des princes est renouvelé. Les avantages pour un État de voir fleurir les sciences et les arts sont rappelés (§ 19). Pourtant l'appui politique n'apparaît plus comme une condition *sine qua non*. Indice d'une lassitude voire d'un certain découragement de l'auteur, échaudé par l'échec de ses tentatives en la matière ? Si la science peut attendre beaucoup de la volonté d'un prince, il est certain que son avenir ne saurait entièrement en dépendre, sans quoi ses progrès seraient sérieusement compromis. Le ton du *Mémoire* est plus moral et exhortatif, sans doute parce que Leibniz cherche avant tout à convaincre des *particuliers* – hommes éclairés et de bonne volonté – de ne pas négliger leur devoir :

> En effet, il n'y a rien de si aisé que de contribuer aux biens solides des hommes ; et sans attendre la paix générale ou l'assistance des princes et des États, les particuliers même ont déjà le moyen de le faire en partie. *Il ne faut que vouloir* et ce qu'on dit communément : *In magnis et voluisse sat est*, est encore autrement véritable qu'on ne l'entend vulgairement (§ 6)[1].

Ce « volontarisme » a de quoi surprendre chez un philosophe qui, dans l'ordre des facultés, conteste, en Dieu comme en l'homme, tout primat de la volonté sur l'entendement[2] ! Il est pourtant de saison en morale, devant

---

1. Voir aussi le § 20 ; *À l'abbé de Saint-Pierre* (7 février 1715), FC IV, 325 « Il n'y a que la volonté qui manque aux hommes pour se délivrer d'une infinité de maux. »

2. Voir la critique adressée au volontarisme « moral » et « politique » de Hobbes, comme au volontarisme « métaphysique » de Descartes, dans le *Discours de métaphysique* (art. 2). Concernant le premier, Leibniz demande : « Où sera donc [la] justice [de Dieu] et sa sagesse, s'il ne reste qu'un certain pouvoir despotique, si la volonté tient lieu de raison, et si, selon la définition des tyrans, ce qui plaît au plus puissant est juste par là même ? Outre qu'il semble que toute volonté suppose *aliquam rationem volendi* ou que la raison est naturellement prieure à la volonté. » Le philosophe allemand ajoute à propos du second (Descartes) : « C'est pourquoi je trouve encore cette expression de quelques philosophes tout à fait étrange, que les vérités éternelles de la métaphysique ou de la géométrie (et par conséquent aussi les règles de la bonté, de la justice et de la perfection) ne sont que des effets de la volonté de Dieu, au lieu qu'il me semble que ce sont des suites de son entendement, qui assurément ne dépend point de sa volonté non plus que son essence. »

le spectacle que nous donnons ordinairement, lorsque nous nous plaignons de nos maux et des défauts des hommes, et que, connaissant les remèdes, nous ne faisons rien pour les appliquer. C'est cette négligence, cette légèreté, cette paresse de chacun que Leibniz fustige. Son exhortation se résume ainsi : il ne faut que se donner la peine de faire le bien. Les circonstances, les carences de l'autorité politique, voire l'indifférence du public ne sauraient nous servir d'excuse : car « chacun doit satisfaire à son devoir sans se rapporter aux autres. Car on est obligé en conscience de faire en sorte qu'on puisse rendre compte à Dieu du temps et des forces qu'il nous a prêtés » (§ 20). Le *Mémoire* sert d'avertissement, d'admonestation, de *Dic cur hic*, de *cui bono ?*. Il nous rappelle que nous sommes comptables de nous-mêmes, que l'amour de Dieu commence par le soin que nous devons à nous-mêmes. Ce qui signifie, au premier chef, cultiver notre raison.

L'APOLOGIE DE LA RAISON

Les dialogues et le *Mémoire pour des personnes éclairées et de bonne intention* sont un éloge de la raison et un encouragement à l'exercer, tant individuellement pour conduire sa propre vie que collectivement pour le bien de tous et du monde. Ces textes ont en commun de combattre ce que l'on pourrait appeler la *misosophie*, cette attitude générale de défiance, de mépris, voire de haine envers la connaissance rationnelle, dont le fidéisme, l'indifférentisme et le scepticisme sont les principales manifestations. Les personnages inventés par Leibniz représentent chacun un certain type de misosophe – c'est-à-dire proprement d'*anti-philosophe*. En matière religieuse, le fidéiste du premier dialogue soutient la position antirationaliste la plus radicale, puisqu'il condamne tout usage de la raison en théologie, au profit d'une foi exclusivement fondée sur l'autorité des Écritures. La position défendue par Poliandre (dans le deuxième dialogue) est plus mitigée, puisqu'il considère que l'amour de Dieu qui naît du seul exercice de la raison (laquelle n'est donc pas entièrement exclue) ne suffit pas, sans la soumission à l'Église visible et l'observation scrupuleuse des prescriptions cultuelles qu'elle dicte. L'amour de Dieu est ici remplacé par la crainte et l'application de la raison par la stricte obéissance à l'autorité. Polidore (troisième dialogue), l'habile politique (quatrième dialogue) et le marquis de Pianèse (cinquième dialogue) partagent certains traits, mais le premier représente plutôt l'indifférentisme, quand les deux derniers se conduisent davantage en sceptiques.

Polidore est l'homme qui, comblé par la fortune, a expérimenté la vanité des biens et de la gloire terrestres. Désabusé et revenu de tout, il ne hait pas la raison mais n'attend plus rien d'elle et considère même que, sur le plan pratique, l'erreur lui est finalement préférable[1]. Il est convaincu de l'inutilité des sciences, qu'il a pourtant pratiquées suffisamment pour professer un naturalisme d'inspiration spinoziste, qui cache, sous couvert de soumission extérieure à la foi, un athéisme. Il affirme en effet que le monde – dont Dieu est l'âme – est régi par une nécessité aveugle, qu'il ne manifeste aucune providence, et doute fortement de l'immortalité de l'âme et de l'existence d'une vie après la mort[2]. La misosophie est ici l'effet d'une raison mal ou trop superficiellement employée. Elle conduit à

1. « Je vous avoue que je voudrais être du nombre de ceux qui sont heureux par leurs erreurs. *Felices errore suo* […] » (p. 91).
2. La position de Polidore ressemble assez à celle défendue par ceux que Leibniz appelle les « nouveaux stoïciens », parmi lesquels on trouve Spinoza et peut-être même Descartes (voir A VI, 4-B, 1385-1386).

rejeter toute « application » sérieuse de l'esprit et tout effort, pour suivre une vie facile, indifférente et sans but solide.

Le constat de la vanité des choses du monde et des sciences est également fait par le politique et Pianèse (qui sont en réalité le même personnage). Il aboutit à la même conclusion en morale, à savoir l'appel à mener une vie sans peine et dénuée de toute préoccupation spéculative (jugée inutile sinon nuisible à notre bonheur). Cependant la défiance à l'égard de la connaissance ne procède ni de la même attitude, ni de la même expérience. Elle ne résulte pas d'un dégoût pour la raison à laquelle on se serait un temps appliqué, mais d'un refus d'en user, qui vient de la haine de « toute application aux choses qui ne touchent pas visiblement les sens et l'intérêt présent »[1]. Cette haine se nourrit d'un scepticisme mondain, pour une part affecté, dont Leibniz offre le résumé suivant :

> Le marquis [...] répliqua qu'il avait toujours cru que nous ne savions presque rien, que les mathématiques étaient plutôt curieuses qu'utiles, si ce n'est à ceux qui en font un métier, que la médecine était mal assurée, la morale pleine d'imaginations, la théologie sujette à des controverses difficiles. Que son opinion était de laisser les recherches naturelles aux curieux de profession, de ne suivre que la coutume en morale, et l'Église en matière de foi. (p. 111).

Il ne s'agit pas d'affirmer, comme le faisait Polidore, que la raison nous rend malheureux parce qu'elle défait nos illusions et abat tout courage d'agir, mais qu'elle nous jette dans un trouble et un embarras sans remède, par son impuissance fondamentale à établir quoi que soit de solide,

---

1. *Conversation du marquis de Pianèse*, p. 110-111.

sur le plan théorique comme pratique. Être misosophe signifie ici lui substituer, comme unique guide de l'existence, la coutume et l'Église, c'est-à-dire encore l'autorité – autorité de ce qui se fait, de ce qui est en usage ou de ce qu'il faut croire.

Le *Mémoire* permet d'envisager une dernière figure de sceptique, en réalité bien plus inquiétante que celle d'un homme du monde succombant à l'esprit du temps, nourri aux lectures de Montaigne et de La Mothe Le Vayer. Elle est celle de l'homme éclairé, capable d'application et de science mais qui désespère de la raison :

> Je trouve que la principale cause de cette négligence [qui consiste à parler de nos maux et manques sans faire ce qu'il faut pour y remédier effectivement], outre la légèreté naturelle et l'inconstance de l'esprit humain, est le désespoir de réussir dans lequel le scepticisme est compris. Car comme ces soins de remédier à nos maux et de contribuer au bien commun ne peuvent guère tomber que dans les esprits au-dessus du vulgaire, il se trouve par malheur que la plupart de ces esprits, à force de penser aux difficultés et à la vanité des choses humaines, commencent à désespérer de la découverte de la vérité et de l'acquisition d'un bonheur solide. Ainsi, se contentant de mener un train de vie aisée, ils se moquent de tout et laissent aller les choses. Ce qui vient de ce qu'ils ont assez d'esprit et de pénétration pour s'apercevoir des défauts et des difficultés, mais pas assez d'application à trouver les moyens de les surmonter [1].

---

1. *Mémoire*, § 8. Voir aussi *Essais sur un nouveau plan d'une science certaine sur lequel on demande les avis des plus intelligents* (août 1688 à octobre 1690 ?), A VI, 4-A, 947 : « [...] souvent les plus éclairés n'ont que des pensées superficielles sur tout ce qui ne flatte point d'abord les sens, ou la vanité, ou l'avarice, non pas faute de pénétration, mais faute d'attention ; et il semble qu'on ne songe jamais sérieusement qu'à ce qui le mérite le moins. Je crois qu'une des plus

Que la plupart des hommes perdent leur temps (c'est-à-dire en fait leur vie [1]) en occupations frivoles, qu'ils soient souvent inconstants et superficiels, que l'application à des sujets importants et difficiles ne soit pas l'apanage du plus grand nombre, on doit certainement le regretter. Mais on pourrait le tolérer à la rigueur, si « les plus intelligents » et les hommes mieux disposés n'étaient pas emportés, comme les autres, par le « torrent de la corruption générale », s'ils ne se défiaient pas de la nature humaine, de ses capacités et de la raison en général. Leur découragement est une calamité, puisque c'est précisément d'eux que l'on doit attendre les bienfaits que promet le progrès des sciences. Ils renoncent à la raison, qu'ils croient incapable d'arriver à des connaissances certaines, et qu'ils regardent même comme l'ennemie de notre bonheur et une source de tourments. Ainsi, « […] bien loin de chercher la vérité, il la faut fuir avec soin, parce qu'elle ne servirait qu'à augmenter nos misères, en nous faisant trop connaître notre néant » [2]. La vérité, si elle est accessible, ne serait pas, de toute façon, un authentique bienfait.

La misosophie, quelle que soit la forme qu'elle prenne, conduit à l'enthousiasme et au fanatisme religieux, au conformisme moral, à la paresse intellectuelle et à l'oisiveté, ou encore à une sorte de résignation fataliste et finalement

---

grandes raisons de cet abandonnement, est le désespoir de mieux faire et la trop mauvaise opinion qu'on a de la nature humaine, car bien des gens sont prévenus d'une incrédulité secrète qui les dispose à se figurer que l'homme est emporté par le torrent général de la nature comme le reste des animaux, que tout ce que nous pouvons faire est une pure vanité, et que bagatelle pour bagatelle il vaut mieux choisir les plus agréables. »

1. Voir *Mémoire*, § 27.
2. *Essais sur un nouveau plan* […], A VI, 4-A, 948.

au désespoir. Ce désespoir, s'il n'épargne pas ceux qui sont en charge de promouvoir la science, aboutira inévitablement à la barbarie[1]. Et il ne faut pas croire que l'accumulation continuelle de nouveaux livres pourrait l'empêcher. Au contraire : la masse considérable et toujours croissante d'ouvrages – que Leibniz constatait déjà à son époque ! – ne ferait que la précipiter[2].

La tâche que se donne le philosophe de Hanovre à travers ces exhortations à la pratique des sciences est de montrer à l'homme qu'il a le moyen d'éviter ce funeste abîme et, comme Polidore ou Pianèse, d'être « rendu » ou « rappel[é] » à la vie[3]. Ce moyen, encore et toujours, c'est la raison. Son usage le conduira à aimer la nature humaine au lieu de la dégrader[4] et à en cultiver les talents. Il lui

1. Voir *Mémoire*, § 22.
2. Voir A VI, 4-A, 698. La raison en est simple : avec le temps, les auteurs, en nombre infini, finiront par sombrer tous dans l'oubli. Si cet oubli ne sera pas dommageable dans le cas des mauvais auteurs, il sera en revanche très préjudiciable dans le cas des bons. Ces derniers seront découragés d'écrire (sachant que leurs écrits seront noyés dans la multitude des livres publiés) et dissuadés de se lancer dans des recherches qui ne leur apporteront aucune reconnaissance. Peut-être deviendra-t-il alors « aussi honteux d'être auteur, qu'il était honorable [de l'être] autrefois ». On ne se plaira qu'à des livres de divertissement ou de circonstance dont on n'apprendra rien de solide – ce que Leibniz appelle des « livrets horaires ». La quantité ne nuit pas seulement à la qualité : elle finit tout simplement par l'étouffer. On ne saurait donc espérer de la postérité qu'elle fasse le tri entre des publications devenues en définitive toutes également vaines ou médiocres.
3. Voir p. 104 et p. 158.
4. En effet, « […] ceux qui méditent trouvent plus de raison d'admirer l'excellence de la nature humaine que de la mépriser » (*Essais sur un nouveau plan* […], A VI, 4-A, 948). Comme la misosophie mène à la misanthropie, la philosophie conduit nécessairement à la philanthropie.

redonnera le goût pour la vérité[1], il le mènera, par l'étude de la nature, à sa source et, par là, à la véritable félicité. Telle est la promesse faite d'une « apothéose »[2], qui, sans nous fondre en Dieu, nous en approchera le plus possible. Toucher le divin : la joie de l'esprit qui comprend, plutôt que l'ineffable intuition mystique.

---

1. Voir *Conversation du marquis de Pianèse*, p. 125 : « [...] on aura gagné beaucoup, quand on aura fait renaître l'envie de chercher la vérité, que le désespoir de la trouver avait abolie. »

2. [*Dialogue entre Théophile et Polidore*], p. 104.

NOTE SUR LA PRÉSENTE ÉDITION

Le dialogue en latin intitulé *Dialogus inter Theologum et Misosophum* a vraisemblablement été écrit entre la seconde moitié de l'année 1678 et la première moitié de l'année 1679. Le texte a été établi à partir de l'édition Grua (18-23), collationnée avec l'édition de l'Académie (A VI, 4-C, 2213-2219).

Le *Dialogue entre Poliandre et Théophile* a sans doute été composé vers le milieu de l'année 1679, peut-être même avant la mi-avril, c'est-à-dire avant que Leibniz n'apprenne la condamnation par Rome de la morale « relâchée » des jésuites (voir la lettre de F. A. Hansen à Leibniz du 4/14 avril, A I, 2, 461). Car la censure pontificale de la doctrine de l'amour de Dieu non nécessaire au salut – discutée dans le dialogue – n'y est pas mentionnée[1]. Le texte a été établi sur la base de l'édition de Baruzi (*Trois dialogues mystiques inédits de Leibniz*, p. 21-28), complétée et collationnée avec l'édition de l'Académie (A VI, 4-C, 2220-2227).

Le manuscrit sans titre du « Dialogue entre Théophile et Polidore » comporte la mention « fait avant la mort de feu Monseigneur le duc Jean-Frédéric », c'est-à-dire avant le 28 décembre 1679. Leibniz y fait peut-être référence dans une lettre au duc de la mi-octobre 1679 : « Au reste, Monseigneur, je ne sais si le dernier dialogue, qui allait à prouver l'immortalité par des raisons naturelles aura

1. Voir notre introduction, p. 40-41.

satisfait; sinon je m'offre d'y suppléer » (A I, 2, 215). Dans un mémoire contemporain rédigé à l'intention de son protecteur, sous la rubrique « Exemplaria Cæsarini », est également évoqué un « Dialogue sur l'âme » (*Dialogus de anima*) (A I, 2, 223). S'il s'agit bien de notre dialogue, celui-ci pourrait donc avoir été rédigé à l'automne 1679. Le texte a été établi sur la base des éditions de Baruzi (*op. cit.*, 28-38) et de Grua (285-287), complétées et collationnées avec l'édition de l'Académie (A VI, 4-C, 2228-2240).

Le *Dialogue entre un habile politique et un ecclésiastique d'une piété reconnue* et la *Conversation du marquis de Pianèse, ministre d'État de Savoie, et du Père Emery ermite ; qui a été suivie d'un grand changement dans la vie de ce ministre ou Dialogue de l'application qu'on doit avoir à son salut* ont été composés entre la deuxième moitié de l'année 1679 et la première moitié de l'année 1681. Ils relèvent manifestement du même projet. Leibniz a d'abord rédigé le *Dialogue*, qu'il a ensuite voulu réécrire et poursuivre, tout en en réutilisant certains passages (issus des derniers paragraphes). La *Conversation* est née de cette réécriture et de cette recomposition. Il est possible que Leibniz en ait envoyé le début au duc Jean-Frédéric en août 1679, s'il s'agit bien du dialogue dont il narre en ces termes les circonstances de la rédaction : « J'envoie aussi à Votre Altesse Sérénissime l'échantillon d'un dialogue, dont voici l'occasion. Votre Altesse Sérénissime me dit dernièrement qu'Elle avait prêté le livre de M. Huet[1] à quelqu'un, et elle ajouta que l'attention ou application était nécessaire en ces matières. Cela me donna occasion de

---

1. *Demonstratio evangelica pro veritate religionis Christianae ad Serenissimum Delphinum*, Paris, 1679.

faire ce dialogue. Je croyais que ce ne serait que deux feuilles, et il monta jusqu'à huit. Voici le commencement ; je suis plus embarrassé à faire copier les choses qu'à les faire. Je crois qu'il y aura des choses assez fortes et assez touchantes dans ce dialogue, mais ce commencement n'entre pas encore en matière » (A I, 189). S'appuyant sur cette lettre et sur l'analyse de la *Conversation*, Mogens Lærke suggère que l'érudit et exégète français Pierre-Daniel Huet (1630-1721) a pu inspirer le personnage d'Emery Stahl [1]. L'hypothèse nous paraît peu probable. D'une part, parce que le « gentilhomme allemand » devenu ermite ressemble bien davantage à Leibniz lui-même, qui en fait le porte-parole de ses thèses ; d'autre part, parce que l'occasion de l'écriture du « dialogue » n'est pas tant le livre de Huet que la remarque incidente du duc sur la nécessité de l'« attention ou application » en matière de religion. Et c'est en effet sur le rôle et l'importance de l'attention qu'insiste particulièrement la *Conversation*.

Le texte est établi à partir de l'édition des *Œuvres de Leibniz* par Foucher de Careil (tome II, p. 512-546) et de l'édition de Baruzi (*op. cit.*, p. 15-21), complétées et collationnées avec l'édition de l'Académie (A VI, 4-C, 2241-2283).

Le *Mémoire pour des personnes éclairées et de bonne intention* a vraisemblablement été écrit entre 1692 et 1695. Le texte est établi sur la base de l'édition des *Lettres et opuscules inédits de Leibniz* par Foucher de Careil (Paris, Ladrange, 1854, p. 274-292), complétée et collationnée avec l'édition de l'Académie (A IV, 4, 613-621).

---

1. *Les Lumières de Leibniz. Controverses avec Huet, Bayle, Regis et More*, Paris, Classiques Garnier, 2015, p. 198-204.

Nous avons modernisé l'orthographe et la ponctuation des textes de Leibniz écrits en français.

Enfin, je souhaite exprimer ici ma reconnaissance à M. Stefan Lorenz (Leibniz-Forschungsstelle, Münster) pour son aide précieuse et sa disponibilité. Je remercie également M. le professeur Stephan Meier-Oeser (Leibniz-Forschungsstelle, Münster) de m'avoir permis de consulter les manuscrits des dialogues, et M. François Duchesneau, professeur à l'Université de Montréal, pour sa relecture et ses conseils.

LEIBNIZ

DIALOGUES SUR LA MORALE
ET LA RELIGION

DIALOGUE ENTRE UN THÉOLOGIEN
ET[1] UN MISOSOPHE[2]

Le Misosophe. Ne cesserez-vous jamais, théologiens, de vous égarer avec la raison, vous qui devriez plutôt connaître par la foi ?

Le Théologien. Nous arrêterons d'user de la raison quand Dieu cessera d'être sage ou l'homme d'être rationnel.

Le Misosophe. *La sagesse de l'homme est folie aux yeux de Dieu*[3], et la raison de l'homme est, dans les choses divines, un instrument pour se tromper plutôt que pour connaître.

Le Théologien. La sagesse orgueilleuse est folie pour Dieu, car Dieu la confond en humiliant les orgueilleux. Et celui qui voudra explorer les mystères par la raison sera écrasé par la gloire [de Dieu] et aveuglé par son excessif éclat, mais celui qui cherche Dieu avec un cœur sincère, Dieu éclaire sa raison, pour qu'il voie ses merveilles. Et de même que nous ne regardons pas le soleil directement, mais soit dans l'eau, soit à travers du verre coloré, celui qu'un sentiment pieux ou la nécessité de défendre la foi appelle à une contemplation plus profonde des choses

1. « un sceptique » [raturé].
2. Le dialogue est traduit du latin. Le terme de *misosophe* (en grec μισόσοφος) est employé par Platon dans la *République* (V, 456a) pour désigner celui qui hait la sagesse (le contraire du philosophe).
3. *Cf.* I Corinthiens 3, 19.

divines, n'arrachera pas les yeux de sa raison, car alors il ne verra plus rien; mais par l'intermédiaire de l'Écriture sacrée (dont l'interposition [permet d'] ajuste[r] à notre faiblesse la puissance excessive des rayons célestes), comme au travers d'un voile interposé, il regardera à l'intérieur du Saint des Saints. Or ce voile sera seulement levé quand nous verrons Dieu non plus dans un miroir ou par symbole, mais face à face[1].

LE MISOSOPHE. Vous pensez donc qu'il faut joindre la raison à la foi.

LE THÉOLOGIEN. Pourquoi pas, s'il est vrai que la foi même nous persuade par la raison? Car par quel autre privilège l'emportons-nous sur les musulmans?

LE MISOSOPHE. Nous, nous avons les vrais miracles, pas eux.

LE THÉOLOGIEN. Il faut de nombreux raisonnements pour prouver les miracles que nous n'avons pas vus. Bien plus, même si nous voyons par nos propres yeux, nous avons cependant besoin de beaucoup d'examen pour ne pas nous tromper. En outre, vous savez par l'Écriture que les miracles eux-mêmes requièrent encore un autre critérium, à savoir la doctrine : car l'Antéchrist aussi accomplira des prodiges, destinés à tromper, s'il était possible, même les élus[2]. Moïse a dit qu'il ne faut pas se fier au prophète qui enseigne des choses contraires à la loi, même s'il accomplit des prodiges[3].

LE MISOSOPHE. J'accorde que les miracles doivent être jugés suivant la règle de la doctrine, mais, je le dis, de la doctrine révélée, et non naturelle.

1. *Cf.* I Corinthiens 13, 12.
2. *Cf.* Matthieu 24, 24.
3. *Cf.* Deutéronome 13, 1-5.

LE THÉOLOGIEN. Est-ce que la révélation elle-même ne dépend pas la première de miracles?

LE MISOSOPHE. Je le reconnais.

LE THÉOLOGIEN. Donc ces premiers miracles ne doivent pas, du moins, être jugés suivant une autre révélation antérieure… Que répondez-vous à cela? Pourquoi hésitez-vous?

LE MISOSOPHE. Je ne sais comment vous m'avez trompé et acculé.

LE THÉOLOGIEN. Vous ferez franchement mieux de reconnaître que vous avez été trompé par vous-même et non par moi.

LE MISOSOPHE. Vos raisons sont tellement fortes que je serais contraint d'être d'accord avec vous, si je n'avais appris que, dans les choses divines, tous les raisonnements doivent être tenus pour suspects.

LE THÉOLOGIEN. Tous les raisonnements sont également suspects dans les choses humaines, c'est-à-dire qu'ils ne doivent pas être admis avant un examen attentif, surtout dans une affaire importante.

LE MISOSOPHE. Même si rien ne me vient maintenant à l'esprit que je puisse opposer à votre raisonnement précédent, cependant vous n'aurez pas de quoi vous opposer au mien.

LE THÉOLOGIEN. Auquel donc?

LE MISOSOPHE. Eh bien, que, pour sûr, dès lors que l'on admettra l'analyse de la foi en raisons, toute foi deviendra humaine et non divine.

LE THÉOLOGIEN. Des auteurs très importants qui ont écrit sur l'analyse de la foi [1] ont très bien satisfait à cette

---

1. « comme Grégoire de Valence, de la société de Jésus, Holdenus de la Sorbonne et d'autres » [raturé]. Grégoire de Valence (1549/50?

difficulté. Car une chose est l'analyse humaine de la foi qui concerne les motifs de crédibilité, qui se fait par l'histoire et la raison, laquelle examine et confirme les histoires ; une autre est l'analyse divine de la foi, qui se fait par l'opération du Saint-Esprit agissant dans nos cœurs [1].

LE MISOSOPHE. Mais ce discours (*sermo*) intérieur de Dieu, sans raisons, suffit, car nombreux sont ceux qui croient dans la simplicité de leur cœur, quoiqu'ils ne connaissent aucune raison de croire.

LE THÉOLOGIEN. Je reconnais que nombreux sont ceux qui, par une bonté particulière de Dieu, se mettant à la portée de tous, possèdent la vraie foi sans aucune raison qui les persuade, et qu'ils peuvent être sauvés. Notre religion serait cependant dans un piteux état si elle manquait de preuves, et si elle ne l'emportait pas sur celle des musulmans ou des païens, car, alors, nulle raison ne pourrait être donnée à ceux qui en demandent, et la foi ne pourrait être défendue contre l'impiété ou même contre les scrupules qui souvent s'emparent des personnes pieuses inquiètes.

-1603), théologien jésuite, est l'auteur de *Analysis fidei catholicae, hoc est Ratio methodica eam in universum fidem ex certis principiis probandi quam sancta Romana Ecclesia adversus multiplices sectariorum errores profitetur*, Ingolstadt, 1585. Henry Holden (1596-1662), catholique anglais et docteur de la faculté de théologie de Paris, est l'auteur de *Divinae fidei analysis. Seu De fidei Christianae resolutione libri duo*, chez Æ. Blaizot, Paris, 1652.

1. Sur cette distinction entre la foi humaine (qui repose sur des « raisons explicables », c'est-à-dire des arguments de différents degrés de force) et la foi divine (qui se fonde sur des « raisons inexplicables » et consiste en une lumière intérieure donnée par la grâce), voir *À la duchesse Sophie pour Paul Pellisson-Fontanier* (début août ? 1690), A I, 6, 76-77. Voir aussi *Nouveaux Essais sur l'entendement humain*, IV, 18, § 1-9, A VI, 6, 497 ; *Discours préliminaire de la conformité de la foi avec la raison*, § 1 ; § 29.

LE MISOSOPHE. Vous dites là quelque chose d'important. Moi, cependant, j'avais pensé qu'il était plus sûr de tenir tout raisonnement éloigné de la théologie, car je croyais que les principes humains ne prouvent rien de certain dans les choses divines.

LE THÉOLOGIEN. Si cela était, on ne prouverait pas l'existence de Dieu par des raisons.

LE MISOSOPHE. Même l'existence de Dieu doit se prouver par des révélations et des miracles.

LE THÉOLOGIEN. Mais je vous ai dit que les révélations et les miracles doivent être examinés par la raison.

LE MISOSOPHE. Mais que répondez-vous à cet argument, selon lequel *les principes humains ne sont pas appropriés (accommodata) aux choses divines* ?

LE THÉOLOGIEN. Je réponds qu'il y a des principes communs aux choses divines et humaines ; ce que [1] les théologiens ont très bien remarqué. Je reconnais certes que les principes physiques sont seulement humains, par exemple que le fer ne flotte pas sur l'eau, qu'une vierge n'enfante pas, car par la puissance absolue de Dieu, qui est au-dessus de la nature, le contraire peut se produire [2]. Mais les principes métaphysiques sont communs aux choses divines et humaines, parce qu'ils portent sur la vérité et l'Être en général, qui est commun à Dieu et aux créatures. Tel est ce principe métaphysique : qu'une même chose ne peut être et ne pas être en même temps ; que le

---

1. « les scolastiques » [raturé].
2. C'est ainsi que les miracles sont possibles : ils ne violent pas les principes de la logique et de la métaphysique (sans quoi ils seraient impossibles), mais sont seulement des exceptions aux lois de la nature, lesquelles ont, dans l'ordre général, le statut de « maximes subalternes » et ne sont qu'une « coutume de Dieu », dont il peut se dispenser au nom d'une raison supérieure (voir *Discours de métaphysique*, art. 7).

tout est plus grand que la partie. De même, les *principes logiques* ou les formes des syllogismes, que même Dieu et les anges admettront comme vrais [1].

LE MISOSOPHE. Mais Dieu et les anges n'ont pas besoin de la logique.

LE THÉOLOGIEN. Assurément Dieu ne se sert pas de la logique, et peut-être que les anges n'ont pas besoin des syllogismes ; cependant ils ne les rejetteront pas pour autant. Moi, je ne pratique pas l'arithmétique en utilisant des jetons [2], parce que je sais que tout est mieux fait par la plume, et cependant je ne rejette pas l'usage des jetons pour autant, ou ne le considère pas comme une source d'erreurs.

LE MISOSOPHE. Je ne vous accorderai jamais que nos principes métaphysiques sont vrais pour Dieu.

LE THÉOLOGIEN. [3] Est-ce que ce principe (qu'une même chose ne peut être et ne pas être en même temps) ne vaut donc pas pour Dieu ou dans les choses divines ?

LE MISOSOPHE. Pas toujours.

LE THÉOLOGIEN. Personne parmi les saints Pères, personne parmi les théologiens érudits ne sera d'accord avec vous.

LE MISOSOPHE. À défaut des érudits, j'aurai au moins de mon côté les personnes pieuses.

LE THÉOLOGIEN. Voyez à quel point vos paroles sont pieuses. Si ce principe (selon lequel on ne doit pas admettre en même temps des choses contradictoires) est retiré des choses divines, nous pourrons en même temps admettre

---

1. « bien que Dieu et les anges n'en aient peut-être pas besoin » [raturé].

2. En français dans le texte : « (*jetons*) » [raturé].

3. « Vous semblez cacher que vous savez ce qu'est la vérité » [raturé].

et rejeter la Déité ou la Trinité ; nous pourrons en même temps et au même égard être pieux et athées, catholiques et ariens.

LE MISOSOPHE. Moi, je croyais que *rien n'est impossible pour Dieu*[1], donc des choses contradictoires ne seront pas impossibles à Dieu.

LE THÉOLOGIEN. Si rien n'est impossible à Dieu, il lui sera aussi possible de se détruire, de pécher et d'autres choses de ce genre.

LE MISOSOPHE. Toutes choses sont possibles à Dieu, à l'exception de celles qui sont contraires à sa perfection.

LE THÉOLOGIEN. Fort bien, excellent ! Mais les choses contradictoires sont aussi contraires à sa perfection, car elles rendraient Dieu déraisonnable (*ineptum*), disant en même temps le vrai et le faux, atteignant son but et en même temps le ratant.

LE MISOSOPHE. J'admettrai (puisqu'ainsi vous insistez) ce principe[2] de contradiction aussi dans les choses divines. Mais je n'admettrai pas que nous puissions, nous, bien juger dans les choses divines de ce qui est contradictoire.

LE THÉOLOGIEN. Si nous avons des yeux et de la mémoire, nous pouvons aussi juger de la contradiction. Car il faut au moins qu'il y ait le même sujet et le même prédicat dans une proposition contradictoire, c'est-à-dire qu'il y ait de part et d'autre les mêmes termes et qu'ils aient au moins le même sens. S'il y a les mêmes termes de part et d'autre, nous le jugerons par nos yeux, et si par ces termes nous comprenons la même chose de part et

1. *Cf.* Luc I, 37.
2. « que deux contradictoires ne sont pas vrais en même temps » [raturé].

d'autre, notre mémoire ou notre conscience nous le dira, de sorte qu'il faut seulement de l'attention.

LE MISOSOPHE. Je l'admettrai peut-être dans les raisonnements très faciles, où la contradiction apparaît aussitôt, mais non dans les raisonnements plus difficiles.

LE THÉOLOGIEN. Dans les plus difficiles, il faut seulement une plus grande attention ; et une longue chaîne de syllogismes ne peut pas moins être examinée avec certitude qu'un court argument. Car il faut seulement examiner chaque syllogisme un à un, dans sa matière et dans sa forme. C'est pourquoi plus de temps et plus de patience sont seulement requis dans un plus grand nombre de syllogismes que dans un petit nombre.

LE MISOSOPHE. Mais il me semble indigne que la logique vaille autant dans les choses divines.

LE THÉOLOGIEN. Croyez-vous que la grammaire soit plus digne que la logique ? Et il est pourtant certain que la grammaire est d'une grande utilité pour expliquer le texte sacré. Et en vérité, si vous rejetez les syllogismes, vous rejetez toutes les raisons, car toutes les raisons sont toujours des syllogismes au moins imparfaits, tels que les enthymèmes dans lesquels une proposition ou un terme (*signum*) est sous-entendu. Or ce qui est imparfait ne peut pas être plus certain que ce qui est parfait. Enfin, par ce principe de contradiction que vous avez admis, on démontre les formes des syllogismes selon une certitude entièrement mathématique.

LE MISOSOPHE. Nous pouvons être sauvés sans la logique.

LE THÉOLOGIEN. Je le reconnais, car nous pouvons même être sauvés sans [connaître] les raisons et pouvons raisonner sans syllogismes. Cependant nous ne pouvons pas maintenir et sauvegarder les fondements de la foi sans raisons, ni mettre facilement au jour la vérité dans les choses fort difficiles ou convaincre un adversaire opiniâtre sans les arts logiques.

LE MISOSOPHE. Les saints Pères ont méprisé cette façon subtile de disserter en matière théologique.

LE THÉOLOGIEN. Certains, mais pas tous. Car saint Augustin peut être appelé à bon droit le père de la théologie scolastique, dont le Maître des Sentences[1] et Thomas [d'Aquin] ont tiré un très grand nombre de choses.

LE MISOSOPHE. Ceux qui raisonnent le plus manquent le plus de foi.

LE THÉOLOGIEN. Parfois ceux qui raisonnent le plus, jamais ceux qui raisonnent le mieux.

LE MISOSOPHE. Le plus sûr est simplement de croire ce que l'Église croit. Vous connaissez cette petite histoire de Bellarmin[2] au sujet de celui qui disputait dans un combat avec le diable.

LE THÉOLOGIEN. Vous plaisantez, je pense, car cette petite histoire est ridicule. Et je ne pense pas que vous userez du même cercle que lui : *je crois ce que croit l'Église, et l'Église croit ce que je crois*[3]. En outre il est nécessaire de consolider l'Église par des raisons solides.

LE MISOSOPHE. J'ai toujours approuvé la modestie de ceux qui déclarent croire humblement sans le moindre examen.

1. Pierre Lombard (1095?-1160), auteur des *Quatre livres des Sentences*.

2. Voir Robert Bellarmin, *De arte bene moriendi*, livre II, chap. 9, Paris, 1620.

3. *Ibid.*, p. 293. L'anectote sera rappelée dans les *Nouveaux Essais sur l'entendement humain*, IV, 20, § 18, A VI, 6, 521.

LE THÉOLOGIEN. Croyez-moi, souvent ceux qui parlent sérieusement ainsi sont ou bien des personnes fort simples (auxquelles Dieu, parce qu'elles ont fait ce qui relève d'elles, peut néanmoins donner la vraie foi), ou bien de vrais hypocrites et des athées cachés. Pomponazzi et Vanini[1] avaient l'habitude de parler ainsi, eux qui, en évitant de répondre aux objections par cette échappatoire, trahissaient la cause de Dieu. Car, comme ils avaient avancé d'importantes difficultés, ils feignaient de déférer malgré elles à l'autorité de l'Église. Il n'y a pas plus grand ennemi de la religion et de la piété que celui qui soutient que la foi est contraire à la raison, parce que c'est la déshonorer devant les sages. Cet artifice des dissimulateurs ayant été dénoncé, et les souverains pontifes, et les conciles et les facultés de théologie[2] ont interdit que soient posées deux sortes de vérités, les unes divines, les autres humaines, s'opposant les unes aux autres.

LE MISOSOPHE. Vous me persuadez presque de croire que la raison humaine, conduite comme il faut, ne s'oppose jamais à la foi divine révélée, et que la parole de Dieu écrite ou rapportée n'est pas en désaccord avec la loi naturelle gravée dans nos cœurs à la naissance (selon Paul[3]).

1. Pietro Pomponazzi (1462-1525) et Giulio Cesare Vanini (1585-1619) sont deux philosophes italiens qui furent accusés de nier l'immortalité de l'âme et l'existence de Dieu.

2. Voir notamment le préambule du célèbre décret promulgué en 1277 par l'évêque de Paris Étienne Tempier, condamnant 219 thèses jugées hétérodoxes (*La condamnation parisienne de 1277*, traduction, introduction et commentaire par D. Piché, Paris, Vrin, 1999, p. 75). La doctrine dite de la « double vérité » fut l'objet d'une condamnation formelle en 1513 dans la bulle *Apostolici regiminis*, lors du concile de Latran V (1512-1517). Voir A VI, 1, 532.

3. *Cf.* Romains 2, 15.

LE THÉOLOGIEN. Puisque je vous vois revenu à plus de modération, en échange je vous accorderai quelque chose : que, plus facilement en accord l'un avec l'autre, nous fassions la paix. Car autant j'estime que les caractères (*ingenia*) faits pour méditer, et brûlant d'un zèle véritable pour la piété, doivent être le moins possible détournés de la contemplation des choses divines (car des choses remarquables peuvent être découvertes, grâce auxquelles la piété soit excitée, la foi défendue et propagée, et la gloire de Dieu augmentée) ; autant, en revanche, je n'apprécie nullement ces vains raisonneurs et ces misérables disputateurs qui n'ont rien de profond ni rien de solide, mais qui par d'inutiles balivernes et de folles querelles, dans leurs disputes laissent échapper la vérité et blessent la charité [1]. Il valait mieux être sauvé par une foi simple (*rustica*) que d'être damné par une théologie prétentieuse, mais vaine et bruyante. Quant à ceux qui, par des raisons vraies et de profondes contemplations, sont arrivés à une connaissance claire de la vérité, leur foi repose sur un fondement solide et brille par une charité active. C'est pourquoi gardons-nous, non de la solide raison, mais de la vaine raison sophistique des imposteurs, et tenons cela pour certain : que personne n'est [2] plus proche sur terre du ciel que celui qui, plein des vérités profondes de la théologie mystique, jouit du sentiment de l'amour de Dieu, surtout s'il répand aussi sur les autres sa félicité. Car il doit être tenu pour démontré que, dans cette condition mortelle, plus loin on aura avancé dans la connaissance et l'amour de Dieu (qui suit certainement de la connaissance vraie), et que l'on aura été cause d'un plus grand bien, plus grande sera la gloire dont on jouira dans l'autre vie.

---

1. « en s'échauffant » [raturé]
2. « plus heureux » [raturé].

DIALOGUE ENTRE POLIANDRE
ET THÉOPHILE

Il y a quelques mois que je me rencontrai dans le même coche, avec un missionnaire apostolique et un fort honnête homme de la confession d'Augsbourg qui avait possédé des charges considérables à la cour, mais qui s'était retiré du monde pour vaquer à son salut. Le missionnaire s'appelait Poliandre, il avait vieilli dans la controverse, et il ne tardait guère de mettre les gens sur ce chapitre. Il s'attacha donc bientôt à Théophile (c'est le nom du gentilhomme) le voyant d'humeur à écouter paisiblement. Poliandre déploya toute sa rhétorique, et se servit des artifices ordinaires à ceux de sa sorte. Théophile se défendit avec une certaine modestie et simplicité, qui ne laissa pas de faire entrevoir un grand fond de solidité, et une âme éclairée et tranquille.

La conférence avait duré déjà toute une matinée, et on n'était pas plus avancé qu'auparavant, lorsque Théophile prenant la parole pour faire changer un peu la conversation, commença ainsi :

THÉOPHILE. Je m'étonne, Poliandre, qu'on s'attache plus à ces disputes qu'à la pratique de la piété. Vous demeurez d'accord que ceux qui aiment Dieu sur toutes choses sont en état d'être sauvés. Que faut-il davantage, et à quoi sert-il de s'embarrasser de tant de choses difficiles [1] ?

1. « et souvent inutiles » [raturé].

POLIANDRE. Il ne suffit pas d'aimer Dieu, il faut obéir à ses volontés, c'est-à-dire à l'Église qui en est l'interprète.

THÉOPHILE. Celui qui aime Dieu véritablement sur toutes choses ne manquera pas d'exécuter ce qu'il sait être conforme à ses ordres. [1] C'est pourquoi il faut commencer par cet amour puisque la charité et la justice en sont des suites immanquables.

POLIANDRE. Un philosophe païen peut aimer Dieu sur toutes choses, puisque la raison lui peut apprendre que Dieu est un être infiniment parfait et souverainement aimable. Mais il ne sera pas chrétien pour cela, car peut-être n'aura-t-il pas entendu parler de Jésus-Christ, sans lequel il n'y a point de salut. Donc l'amour de Dieu ne suffit pas.

THÉOPHILE. Cette question du salut des païens est trop haute pour moi ; cependant je goûte fort la pensée de quelques savants et pieux théologiens, qui croient que Dieu éclairera tous ceux qui le cherchent sincèrement, au moins à l'article de la mort, en leur révélant même intérieurement ce qu'il faut savoir de Jésus-Christ. Suivant cette règle incontestable : que Dieu ne refuse pas sa grâce à ceux qui font ce qui dépend d'eux [2].

POLIANDRE. Je ne veux pas combattre des sentiments qui me paraissent très propres à concilier la piété avec la raison, et je veux bien vous accorder que l'amour de Dieu

---

1. « C'est pourquoi il suffit d'aimer Dieu, puisque tout le reste n'est qu'une suite de cet amour, et puisqu'on ne le saurait aimer sans lui obéir autant qu'on peut » [raturé].

2. Leibniz avait d'abord écrit cette règle en latin : « *facientibus quod in se est, Deus non denegat gratiam* ». Cette maxime, courante dans la littérature théologique médiévale (ainsi Molina, *Commentaria in primam Divi Thomae partem*, qu. XIV, art. XIII, disp. 10, Lyon, 1593, p. 777), tire vraisemblablement son origine de la patristique grecque. Voir aussi Matthieu 7, 7-11.

sur toutes choses suffit quand on prend la chose de ce biais ; mais il faut qu'il soit véritable, sérieux, sincère, ardent et actif. Car nous tâchons d'apprendre les volontés de la personne que nous aimons, et de nous y conformer. Un véritable amant prendra garde aux moindres mouvements de celui qui fait son bien. Et cependant vous autres croyez de pouvoir vous dispenser d'apprendre les ordres que Dieu a assez publiés afin que personne ne prétende cause d'ignorance[1]. Y a-t-il rien de si éclatant et de si connu que son Église, qui se découvre d'assez loin comme une ville située sur une montagne ? Et cependant vous fermez les yeux pour ne la point voir.

THÉOPHILE. J'avoue qu'il faut apprendre la volonté de celui qu'on aime et qu'on honore, afin de l'exécuter ; mais comme il y a de l'ordre en toutes choses, et comme l'on ne saurait s'attacher également à des soins divers en même temps, je crois que nous devons commencer notre obéissance par la première de ses volontés, qui nous est assez connue ; car la raison et l'Écriture nous disent qu'il faut aimer Dieu sur toutes choses, et notre prochain autant que nous[2]. Il y a même de l'apparence que cet amour suffit au salut, et que tout le reste en est une suite, suivant ce que nous venons de dire.

POLIANDRE. Je suppose qu'on aime Dieu véritablement, et je cherche maintenant ce que celui qui aime Dieu doit faire. Et je soutiens que le premier soin que nous devons avoir après l'amour de Dieu doit être la recherche de la vraie Église.

THÉOPHILE. Voilà qui va bien, mais la supposition que vous nous faites ici est bien grande et bien rare ici-bas.

---

1. C'est-à-dire ne prétende les ignorer.
2. *Cf.* Matthieu 22, 37-39.

Quoi ! Poliandre, vous supposez qu'on aime Dieu sur toutes choses ?[1] Et moi je soutiens que peu de gens savent ce que c'est que l'amour de Dieu.

POLIANDRE. Si je vous accordais cela, vous n'en pourriez pas tirer grand-chose. Car il se peut que bien des gens aiment Dieu véritablement sans pouvoir s'expliquer sur la nature de l'amour divin, et bien souvent sans savoir que ce qu'ils ont dans l'âme se doit appeler ainsi.

THÉOPHILE. Ce que vous dites là est véritable ; je crois que Dieu fait cette grâce à beaucoup de gens bien intentionnés, mais il est toujours plus sûr d'agir par choix et de pouvoir exciter cet amour en soi, et en d'autres, sans attendre le hasard d'une heureuse rencontre. Outre qu'il est plus satisfaisant de savoir ce qu'on fait.

POLIANDRE. Quoi ! vous donnez quelque chose au hasard et aux forces humaines, en matière de grâce !

THÉOPHILE. J'avoue que toute action agréable à Dieu ne se fait que par sa grâce, mais on est toujours plus sûr de l'obtenir en la cherchant par les voies convenables, et par choix, qu'en attendant des rencontres. Ce qui est même contre le devoir. C'est pourquoi celui qui est averti de ceci pèche grièvement, quand il détourne ses pensées du soin de rechercher les moyens de parvenir à cet amour, qui est la voie du salut.

POLIANDRE. Peut-être que l'amour de Dieu n'est pas si nécessaire que vous pensez et qu'il suffit de le craindre. Car suivant ce qu'on enseigne chez nous, l'attrition, c'est-à-dire la pénitence qu'on fait par crainte de la punition, suffit avec le sacrement de l'absolution, quoiqu'on n'aime pas Dieu sur toutes choses, c'est-à-dire quoique la contrition

---

1. « Il y a donc bien peu de méchants dans le monde » [raturé].

n'y soit pas, car vous savez la différence qui est entre ces deux espèces de pénitence[1].

THÉOPHILE. Je m'étonne qu'une opinion aussi dangereuse que celle-là ait été reçue parmi des gens qui font profession du christianisme. Les Jansénistes en font voir l'absurdité, les saints Pères et même les anciens scolastiques l'ignorent, et puisque Dieu nous a commandé de l'aimer sur toutes choses, il est bien clair que celui qui ne le fait point est en état de péché mortel.

POLIANDRE. Ne me parlez pas des jansénistes, Théophile, ils passent pour hérétiques à Rome; pour ce qui est des Pères, nous ne les étudions guère, et en effet nous nous en passons bien après tant de beaux recueils des passages qu'on en a tirés et qui servent à vous combattre : c'est là tout l'usage que nous faisons des Pères au reste; les anciens[2] sont effacés par les belles subtilités et curieuses questions des modernes; en un mot, puisque l'Église est infaillible, tous les sentiments qui règnent aujourd'hui publiquement dans les chaires de théologie ne sauraient être que bons, aussi bien que toutes les pratiques publiquement reçues et approuvées par le torrent des docteurs. La doctrine de l'attrition est de ce nombre, et il n'en faut pas chercher d'autre preuve.

THÉOPHILE. Cependant il y a parmi vous des gens de piété et de doctrine qui parlent de réforme, qui tâchent de vous rappeler à la simplicité de la doctrine et à l'exactitude de la discipline qui paraissait dans la primitive Église[3].

POLIANDRE. Ce sont des visionnaires ou des ambitieux que ces gens-là, et ils ne sont guère meilleurs que les

---

1. Sur ce point, voir notre introduction p. 42.
2. « Scolastiques » [raturé].
3. Leibniz pense certainement ici aux jansénistes.

hérétiques, puisqu'ils ont la présomption de réformer la Sainte Église. Quoi ? des enfants réformer leur mère, y a-t-il rien de si insupportable ? Néanmoins enfin si vous vous obstinez à vouloir des réformateurs, nous en avons bon nombre mais ils se [gardent] bien de choquer les sentiments reçus par les docteurs.

THÉOPHILE. À ce que je vois vous ne voulez pas des réformateurs, à bien prendre la chose, car l'Église et ce qui s'y enseigne et approuve publiquement est selon vous irréformable ; mais vous voulez des gens qui enchérissent sur la mode, et vous les appelez réformateurs comme sont les fondateurs et rénovateurs des ordres.

POLIANDRE. Cela est vrai si vous appelez mode ce que nous appelons la pratique reçue dans l'Église conforme au siècle où nous sommes, car l'Église étant infaillible comme elle l'est, [elle] ne saurait choisir qu'une mode qui soit propre au temps. C'est pourquoi quand[1] les ermites sont en vogue, il faut courir dans la Thébaïde ; quand la théologie scolastique règne, il faut ergoter tant qu'on peut ; lorsque les casuistes ont pris leur place, il y a du mérite d'être casuiste, car en diminuant le nombre des péchés, s'ils se trompaient même, ils ne laisseraient pas d'être utiles, car les hommes croyant que ce qu'ils font n'est pas péché ne pécheront pas tant que s'ils savaient qu'ils pèchent. Mais si les casuistes diminuent le nombre des péchés qui sont contre les vertus morales, en échange ils mènent les hommes aux vertus chrétiennes, c'est-à-dire ils leur apprennent d'avoir égard aux cérémonies sacrées et [à] toute sorte d'observations religieuses reçues aujourd'hui, car il faut pousser ces choses aussi loin qu'on peut. C'est pourquoi ceux qui introduisent certaines façons et modes

1. « l'Église approuve et loue les témoins, martyrs » [raturé].

de prier et d'honorer Dieu comme des rosaires, des chapelets, des scapulaires, et mille autres inventions sacrées, sont des véritables réformateurs, qui apprennent aux gens de se conformer à la mode qui règne dans l'Église qui est interprète des volontés de Dieu.

THÉOPHILE. Mais vous ne me parlez pas de la charité ni de la justice, et je ne vois guère de réformateurs qui entreprennent ces matières et encore moins qui y réussissent dans les esprits des hommes du temps. Peut-être parce que ce n'est pas la mode.

POLIANDRE. Gardez-vous bien de mêler ces réformes [1] purement morales avec les réformes chrétiennes [!]. La justice et la charité sont des choses qui nous peuvent être communes avec les païens : il faut bien d'autres pratiques pieuses pour plaire à Dieu. C'est-à-dire il faut les jeûnes, les cilices, les disciplines, les grilles, les heures, les *Ave Maria* et choses semblables, car pour ce qui est du *Pater Noster* je n'y vois rien qu'un païen ne puisse dire aussi. C'est pourquoi nous faisons bien plus de cas de l'*Ave Maria*.

THÉOPHILE. Il faut bien Poliandre que je vous accorde tout ce que vous dites, si nous supposons l'infaillibilité de la pratique qui règne dans votre Église. Mais il me semble que c'est pousser l'infaillibilité un peu loin : et plusieurs habiles gens parmi vous autres ne connaissent point d'autre doctrine catholique infaillible que celle qui vient par la tradition. Ils donnent à l'Église le droit de témoin et de dépositaire, et non pas celui d'arbitre. Cela étant, il ne faut pas s'arrêter à la pratique qui règne aujourd'hui, mais plutôt à ce que l'Église d'aujourd'hui sait avoir reçu de

---

1. « païennes » [raturé].

Jésus-Christ et des apôtres par la tradition de ceux qui l'ont précédée.

POLIANDRE. Ce sont là les beaux principes de quelques Sorbonistes ou autres suppôts du clergé de France[1], qui passe pour demi-hérétique parmi nous. Car ainsi la porte est ouverte au premier venu qui ose s'opposer à ce qui se fait dans l'Église et qui méprise ses jugements, lorsqu'on ne lui peut pas soutenir que l'antiquité ait été du même sentiment. C'est pourquoi il accusera les supérieurs de mauvais exemple, les inférieurs de dissolution, les religieux de dérèglement, les fréquentes communions de sacrilège, les scolastiques de sophistique, et les casuistes de licence. De sorte qu'il ne tient pas à ces gens-là d'être hérétiques, ils font tout ce qu'il faut pour cela. Et si le Pape les osait excommunier dans le temps où nous sommes, et s'ils trouvaient quelque appui séculier, ils demeureraient dans le schisme comme Luther et Zwingli, à moins que de renoncer à ce mauvais principe qui réduit l'infaillibilité à l'antiquité, et qui le sépare de la pratique moderne.

1. Référence ici à l'opposition entre le clergé français et la papauté au sujet de l'autorité dans l'Église et des rapports entre les puissances temporelle et spirituelle. L'Église de France revendiquait une certaine autonomie vis-à-vis du Saint-Siège (sous le nom de « libertés de l'Église gallicane »), et défendait l'indépendance absolue du roi à l'égard de ce dernier dans le domaine temporel. Dans six articles publiés en mai 1663, la Faculté de théologie de Paris affirmait que le pape n'avait aucune autorité « sur le temporel du roi », lequel ne reconnaissait ni n'avait d'autre supérieur, en la matière, que Dieu seul (art. I et II). Elle contestait au pape toute primauté sur le plan doctrinal, en déclarant qu'il n'était pas au-dessus des conciles œcuméniques (art. V), et enfin niait son infaillibilité (art. VI). Voir *Censures et conclusions de la Faculté de théologie de Paris, touchant la souveraineté des rois, la fidélité que leur doivent leurs sujets, la sûreté de leurs personnes, et la tranquillité de l'État*, Paris, 1717, p. 142-143.

THÉOPHILE. Ce que vous dites ici est une apologie de Luther et de Zwingli : c'est donc la faute du Pape qui a fait le schisme, et qui a appris à ses dépens d'être un peu plus modéré.

POLIANDRE. Ah ! [Théophile], le Pape n'attend qu'un temps favorable. Il y aura peut-être un jour quelque minorité en France, ou quelque cardinal ministre, ou quelque roi qui en voudra au clergé, et la cour de Rome qui est fine, et qui sait dissimuler et lever le masque quand il faut, fera quelque nouveau concordat avec le roi, qui lui soumettra ces esprits remuants, aux dépens de leur bourse.

THÉOPHILE. Le roi d'à présent n'a pas besoin de l'aveu de Rome pour se faire accorder des dons gratuits. Mais laissons-là la cour de Rome, et toute son infaillibilité, puisque vous ne me l'avez pas encore prouvée, et puisqu'il faut de grandes discussions pour en venir à bout, comme nous avons éprouvé ce matin. Revenons à ce qui est plus assuré. C'est qu'il faut aimer Dieu sur toutes choses, et notre prochain comme nous-mêmes. C'est en quoi consiste la loi. C'est en quoi y ajoutant la doctrine de Jésus-Christ[1] consiste aussi la vraie foi active. Car Jésus-Christ nous a enseigné ce grand secret[2], il a été non seulement précepteur mais encore rédempteur du genre humain pour expier nos péchés. La Divinité qui habitait dans la nature humaine de Jésus-Christ a fait la réunion de Dieu et des hommes. Il n'y aura point de salut qu'en Jésus-Christ. Dieu éclairera en Jésus-Christ tous ceux qui l'aiment, ne fût-ce qu'au moment de la mort. Mais il ne faut pas attendre si longtemps quand l'amour est véritable, lorsqu'on peut arriver plus tôt à cette connaissance ; et encore moins faut-il différer la pratique de cet amour, par lequel Dieu nous dispose à

---

1. « notre médiateur » [raturé].
2. « et cet abrégé de la foi » [raturé].

recevoir de lui tout ce qu'il faut pour être sauvé. Vous vous appelez missionnaire apostolique, et nous nous appelons évangéliques : accordons-nous avec l'évangéliste et l'apôtre saint Jean, qui ne prêche autre chose que cette charité pleine de foi et cet amour divin qui éclate par les bonnes actions[1] ; et nous aurons assez fait pour nous sauver et pour gagner les âmes.

POLIANDRE. Je n'ai point d'instruction de Rome pour cela ; je goûte pourtant vos raisons en partie, et j'en aurai un peu plus de soin à l'avenir que je n'ai fait par le passé. Mais vous qui avez si bien médité sur l'amour divin, acquittez-vous aussi de votre promesse. Car vous êtes tombé d'accord avec moi que la première chose qui doit être cherchée après cet amour est la vraie Église. C'est là la véritable union de tous les membres vivants de Jésus-Christ, et en un mot c'est la charité universelle.

THÉOPHILE. Si vous le prenez sur ce pied-là je suis déjà des vôtres. Mais il me semble que vous exigez quelque chose de plus, qu'on a de la peine à vous accorder. Vous voulez qu'on se persuade une infinité de choses nouvelles et peu assurées, et qu'on condamne même absolument tous ceux qui en osent douter. Outre cela vous êtes trop façonniers, et vous occupez les âmes de tant de soins superflus qu'ils se détournent de celui qui doit être le principal. Tout cela blesse ce me semble cette charité universelle. Mais voici l'auberge, et nous y parlerons plus à notre aise, quand nous nous serons délassés un peu des fatigues du voyage.

FIN

---

1. Voir notamment 1 Jean 3, 18.

[DIALOGUE ENTRE THÉOPHILE
ET POLIDORE] [1]

THÉOPHILE. Je vous trouve un peu changé depuis quelque temps, mon cher Polidore, et il me semble que vous n'avez pas cette gaieté qui vous est ordinaire. Cependant vos affaires vont à souhait, votre prudence a été secondée par la fortune et il ne vous manque rien de ce que les hommes cherchent avec tant d'empressement. Vous avez du bien, vous avez acquis de la gloire, et Dieu vous a donné une complexion si vigoureuse que nous espérons de jouir de vous encore plusieurs années. Cela étant, je ne saurais comprendre la cause du changement que je remarque.

POLIDORE. Je sais que vous m'aimez, Théophile, et je vous considère assez pour vous éclaircir sur ce point. Sachez donc que ce que vous remarquez en moi n'est pas une tristesse, mais une indifférence que j'ai à l'égard de beaucoup de choses qui m'étaient agréables auparavant. Car depuis que je les ai à souhait, j'en reconnais la vanité, et me voyant au comble de la félicité où les hommes aspirent ici-bas, je reconnais mieux que jamais [2] l'imperfection de la nature humaine, qui n'est pas susceptible d'un bonheur solide. Vous savez que je ne suis guère touché

---

1. En tête du manuscrit est écrit : « fait avant la mort de feu Monseigneur le duc Jean-Frédéric »

2. « la vanité de toutes choses » [raturé].

des voluptés grossières, mais depuis peu je trouve de plus en plus que les plaisirs les plus raffinés qu'on attribue à l'esprit ne sont que des tromperies agréables, qui disparaissent quand on les considère de près. Y a-t-il rien au monde à quoi les belles âmes soient plus sensibles qu'à la gloire ? Et cependant à quoi me servira-t-elle quand je serai réduit en poussière ? Je ne cesserai pas pour cela de faire des choses dignes d'approbation, car c'est ma coutume, et j'aurai de la peine à faire autrement ; mais je ne ferai plus d'efforts extraordinaires pour m'acquérir cette immortalité chimérique. Ma curiosité est aussi diminuée de la moitié et je ne goûte plus tant les beautés de la nature et des arts ; et je trouve encore moins de satisfaction dans ces beaux discours qui souvent ne consistent que dans un éclat de paroles bien arrangées, et quoique je reconnaisse qu'il y a des sciences solides, comme par exemple les mathématiques et les mécaniques, je remarque qu'elles ne sont utiles qu'à ceux qui en font profession. Car elles demandent trop d'application : et puisque nous allons perdre en un moment le fruit de toutes nos peines, n'allons pas nous embarrasser de quoi que ce soit. Suivons un train de vie aisé et armons-nous d'indifférence contre les appas trompeurs des entreprises.

THÉOPHILE. Je vous plains, Polidore, car je vois que vous vous privez de la plus grande satisfaction de la vie, lorsque vous êtes le plus en état d'en goûter ; mais je plains bien plus le public et la postérité, qui sera privée de ces grandes et belles choses que vous aviez projetées lorsque vos affaires ne vous permettaient pas encore de les exécuter ; cela me fait admirer [1] la conduite des hommes, qui ne cherchent que ce qui est éloigné. Mais je m'aperçois que

---

1. Admirer signifie ici s'étonner.

vous avez changé de maximes et que vous ne croyez plus avoir sujet de vous mettre en peine du public, et qu'il vous paraît ridicule de travailler pour un temps où nous ne serons pas. Cependant je crois que vous en jugeriez autrement si vous étiez bien assuré qu'il y a un grand monarque de l'univers, qui prend tout ce qu'on fait pour le public comme fait à lui-même ; et si vous étiez convaincu de l'immortalité de nos âmes, vous prendriez part à l'état des siècles futurs.

POLIDORE. Si vous me parlez en théologien je quitte la partie, car je me soumets à la foi ; mais si nous nous renfermons dans les bornes de la philosophie [1], je vois des grandes raisons de douter de ces belles choses qui ne servent qu'à nous adoucir notre misère par de fausses espérances. Je vous avoue que je voudrais être du nombre de ceux qui sont heureux par leurs erreurs. *Felices errore suo* [2] ; mais puisque je vois clairement ce qu'il en est, il ne dépend plus de moi d'en détourner la vue.

THÉOPHILE. Mais vous qui avez tant de belles connaissances, et qui avez admiré si souvent la sagesse de la nature, pouvez-vous douter d'une providence gubernatrice, lorsque vous considérez la machine de l'univers, qui marche avec tant de régularité ?

POLIDORE. Il me semble que ce n'est pas grande merveille de voir que le soleil se tournant à l'entour de son centre emporte et tourne avec lui la matière liquide qui l'environne, qu'on appelle éther, et par conséquent quelques grandes boules appelées planètes qui nagent dans cet éther, et suivent son mouvement avec plus ou moins

1. Le mot « philosophie » a d'abord été raturé et remplacé par « raison », avant d'être réécrit.
2. *Cf.* Lucain, *La Pharsale*, I, v. 459. Lucain parle ici des tribus gauloises qui ne craignaient pas la mort, car elles croyaient en la métempsychose.

de vitesse à proportion de leur solidité et distance. Et comme rien ne leur résiste, il ne faut pas s'étonner si leurs périodes sont régulières, sans qu'on y aperçoive du changement pour longtemps.

THÉOPHILE. Ce que vous dites est raisonnable, le mouvement de cet éther à l'entour du soleil étant posé, aussi bien que ces boules de différente solidité et volume, le reste s'ensuit machinalement. Mais dites-moi, d'où vient qu'il y a un soleil, un éther et des planètes? Le monde ne pouvait-il pas être fait d'une tout autre façon? Et qui est celui qui a fait le choix de celle-ci, et d'où vient le principe du mouvement que nous y remarquons?

POLIDORE. Je crois qu'il y a une âme du monde qui lui donne la vie et le mouvement.

THÉOPHILE. Vous n'échapperez pas par là. Voyons un peu : cette âme agit-elle par choix ou par nécessité?

POLIDORE. Peut-être par nécessité.

THÉOPHILE. Vous n'avez donc pas besoin d'âme, et vous n'aviez qu'à dire d'abord que cette forme du monde et ce mouvement étaient nécessaires. Cependant rien n'est absolument nécessaire, quand le contraire est possible. Or il n'y a point d'impossibilité ni de contradiction de concevoir un monde sans soleil, et un soleil placé et mû tout autrement que le nôtre.

POLIDORE. Je demeure d'accord que le monde pouvait être fait de mille autres façons, mais celle-ci était apparemment la plus simple, et la nature agit par les voies les plus courtes ; donc il lui était nécessaire d'agir ainsi.

THÉOPHILE. Si cette nature ou âme du monde, ou enfin ce moteur dont vous parlez est capable de raison, je vois bien qu'il agira par les voies qu'il jugera les plus simples, mais autrement je ne vois pas comment la simplicité[1]

---

1. « lui tiendra lieu de ~~cause~~ nécessité » [raturé].

l'emportera. Car une cause agit toujours tout autant qu'elle peut et autant qu'elle n'est pas empêchée, donc il faut que toutes les choses possibles en elles-mêmes se produisent, ce qui ne se peut puisqu'il y en a beaucoup d'incompatibles, ou bien qu'il ne se produise rien. [1]

POLIDORE. Il me semble qu'il y a un accommodement, car de toutes les façons possibles de faire le monde doit être préférée à toutes les autres celle qui fait réussir le plus de choses, qui pour ainsi dire renferme beaucoup d'essence ou de variété en peu de volume, et qui en un mot est la plus simple et la plus riche.

THÉOPHILE. Je vous entends. Feignons qu'il y ait des êtres possibles [2] A, B, C, D, E, F, G également parfaits et prétendant à l'existence, dont il y a d'incompatibles : A avec B et B avec D et D avec G et G avec C et C avec F et F avec E. Je dis qu'on pourra faire exister deux ensemble de quinze façons $AC, AD, AE, AF, AG, BC, BE, BF, BG, CD, CE, DE, DF, EG, FG$, ou bien trois ensemble des neuf manières suivantes $ACD, ACE, ADE, ADF, AEG, AFG, BCE, BEG, BFG$ [3], ou bien quatre ensemble de cette seule manière $ACDE$, laquelle sera choisie parmi toutes les autres, parce que par là on obtient le plus qu'on peut ; et par conséquent ces quatre A, C, D, E existeront préférablement aux autres B, F, G, qui seront exclus, car en prenant l'un d'eux, on ne saurait obtenir quatre

1. « THÉOPHILE. Vous ne formez pas bien votre dilemme, il y a un milieu ; car de toutes les choses possibles » [raturé].

2. En marge : « soient l, m, n, o, p, q, r chacun étant incompossible avec son voisin immédiat, précédent et suivant, existeront l, n, p, r. »

3. Il y a en réalité 11 combinaisons possibles de trois éléments. Comme l'a observé Michel Fichant, Leibniz a omis *CDE* et *DEG* (voir *Discours de métaphysique*, suivi de *Monadologie* et autres textes, Paris, Gallimard, 2004, note 5, p. 509).

ensemble[1]. Donc s'il y avait quelque puissance dans les choses possibles pour se mettre en existence, et pour se faire jour à travers les autres, alors ces quatre l'emporteraient incontestablement ; car dans ce combat la nécessité même ferait le meilleur choix possible, comme nous voyons dans les machines où la nature choisit toujours le parti le plus avantageux pour faire descendre le centre de gravité de toute la masse autant qu'il se peut. De même ces quatre êtres possibles seraient préférés. Mais les choses possibles n'ayant point d'existence n'ont point de puissance pour se faire exister, et par conséquent il faut chercher le choix et la cause de leur existence dans un être dont l'existence est déjà fixe et par conséquent nécessaire d'elle-même ; cet être doit contenir en lui les idées des perfections des choses possibles, pour choisir et pour les produire. Et il choisira sans doute suivant les degrés de perfection qui se trouvent dans ces idées ou suivant la prétention[2] qu'elles peuvent avoir à l'existence de la manière susdite, c'est-à-dire de la plus simple ou de la plus belle façon de faire l'univers comme nous l'avons touché ci-dessus ; à savoir par laquelle plus de choses ou des plus parfaites réussissent, ou par laquelle on obtient le plus d'essence et le plus de perfection qu'il est possible d'obtenir ensemble. Car le plus beau et le plus simple est ce qui donne le plus avec le moins d'embarras, comme par exemple une boule parfaitement ronde est plus simple que quelque autre corps que ce soit, car elle comprend plus de masse dans le même

1. Voir aussi A VI, 4-B, 1442-1443.

2. Première occurrence, à notre connaissance, de cette expression sous la plume de Leibniz. Celui-ci avait certes déjà attribué aux possibles une « propension à exister » dans les *Elementa vera pietatis, sive de amore Dei super omnia* (début 1677-début 1678 ?), A VI, 4-B, 1363.

circuit que quelque autre figure que ce soit, et par cette raison un corps se rencontrant dans quelque autre corps contraire, par exemple une goutte d'huile dans de l'eau se ramasse en rond pour incommoder et être ici incommodé le moins qu'il est possible : il est donc manifeste que l'auteur des choses agira avec raison, puisqu'il agit suivant les perfections des idées de chaque chose, et puisqu'il faut bien qu'il comprenne et considère tout à la fois pour accorder toutes les choses ensemble le mieux qu'il se peut, il aura la souveraine sagesse et la première puissance. Voyez à présent si ce que nous venons de découvrir ne doit pas être appelé Dieu.

POLIDORE. Ce raisonnement est beau et solide, et j'en suis tout surpris : après cela je ne m'étonne plus de la structure merveilleuse des [1] corps organiques, dont la moindre partie passe en invention toutes les machines que les hommes sont capables d'inventer ; mais il semble que cette sagesse qui fait voir une économie si admirable dans chaque animal ou corps organique considéré à part, les abandonne par après à se choquer entre eux avec toute la confusion imaginable. Une misérable brebis est déchirée par un loup, un pigeon est donné en proie à quelque vautour, les pauvres mouches sont exposées à la malice des araignées, les hommes même, quelle tyrannie n'exercent-ils pas sur le reste des animaux ? Et ils se font entre eux plus que des loups, et plus que des vautours ; quelle apparence de raison ou d'ordre en tout ceci ? Ou plutôt, puisque nous sommes convenus de la souveraine sagesse de l'auteur des choses, il faudra dire qu'il ne se soucie point de ce que nous appelons justice et qu'il prend plaisir à ces bouleversements comme nous en prenons à la chasse

1. « animaux » [raturé].

des bêtes qui s'entretuent. Il faut que les individus se fassent place, il n'a soin que des espèces, dont il y en a qui subsistent par le malheur des autres. Et notre sottise est assez présomptueuse pour se figurer qu'il nous exemptera de ces révolutions universelles par une immortalité qui est sans exemple dans la nature, et d'autant plus incroyable qu'un commencement doit être suivi d'une fin.

THÉOPHILE. Vos raisonnements sont plausibles, et beaucoup de personnes spirituelles en sont frappées malheureusement, mais grâce à Dieu il y a moyen d'y satisfaire. Nous avons établi que Dieu fait tout dans la plus grande perfection dont l'univers est capable. Et par conséquent chaque chose a en elle ou aura autant de perfection qu'elle est capable de prétendre à proportion de celle qu'elle a déjà, sans faire du tort aux autres.[1] Or le plaisir n'étant autre chose que le sentiment d'un accroissement de la perfection[2], il s'ensuit que Dieu donnera du plaisir à toutes les créatures autant qu'elles en sont capables, en sorte que celles qui sont raisonnables se trouvent toutes heureuses autant qu'il est possible, sauf l'harmonie de l'univers qui veut qu'il se trouve au bout du compte le plus de perfection et le plus de bonheur qu'il est possible d'obtenir en somme. Ce qui ne se peut faire peut-être sans la misère de quelques-uns, qui la méritent.

Or de toutes les créatures qui nous environnent, il n'y a que[3] l'esprit de l'homme qui soit capable d'un vrai

---

1. « Or la perfection d'une chose consiste dans la variété des opérations dont elle est capable, et par la force avec laquelle elle peut agir ; cette puissance agissant sans réfraction est un acheminement à une plus grande puissance ou perfection. » [raturé].

2. Voir, vraisemblablement dès 1676, A VI, 3, 518 ; 521 ; *Discours de métaphysique*, art. 15.

3. « l'homme » [raturé].

bonheur. Et on peut dire qu'il n'y a de la différence de Dieu à lui que comme du plus au moins, quoique la proportion soit infinie ; il démontre des vérités, il invente des machines et il est capable de renfermer en lui les perfections des choses dont il conçoit les idées, il connaît ce grand Dieu, il l'honore, il l'aime, et il l'imite ; il exerce un empire sur quelques choses avec un dégagement et une élévation semblable à celle de Dieu, quoique ses résolutions trouvent des obstacles dans l'exécution. On peut dire qu'à l'égard de la perfection de l'esprit, il y a [plus] de différence entre l'homme et les autres créatures, qui manquent de raison, qu'il y en a entre Dieu et l'homme. Enfin il y a quelque société entre Dieu et les hommes. Car étant tous raisonnables et ayant quelque commerce ensemble, ils composent une espèce de cité, qui doit être gouvernée de la manière la plus parfaite. C'est pourquoi si Dieu est la souveraine sagesse, comme ses ouvrages admirables le font voir et si la sagesse cherche la perfection partout autant qu'il est possible, il ne faut pas douter que les êtres les plus parfaits et les plus approchants de Dieu ne soient les plus considérés dans la nature, et que Dieu n'ait eu égard à leur bonheur préférablement à tout autre chose. Car enfin cela se peut sans que l'ordre de l'univers [s'y] oppose ; il est vrai que nos corps sont sujets au choc des autres corps et par conséquent à la dissolution, mais l'âme étant une substance toute différente de la matière et de l'étendue n'en saurait être détruite ; et cela étant, elle est capable de subsister et d'être heureuse malgré les bouleversements du monde. Car pourvu que Dieu lui laisse une souvenance et des pensées, elle peut être heureuse et malheureuse, punie et récompensée suivant les lois de cette cité dont Dieu est le monarque. Je puis démontrer par des raisons physiques que l'âme est incorruptible [1], et qu'elle pensera toujours à quelque chose, mais pour prouver qu'elle se souviendra de ce qui s'est passé au corps, il faut une raison morale, qui ne laisse pas d'être démonstrative pourvu qu'on considère les lois de cette monarchie divine, qui ne serait pas bien gouvernée autrement, puisqu'il n'y aurait point de récompense ni châtiment sans la souvenance. Et il ne faut pas s'étonner que l'âme subsiste toujours quoiqu'elle ait eu un commencement, car étant une substance, [2] elle ne saurait périr que par un anéantissement, c'est-à-dire par miracle [3] : car même le moindre atome de la matière ne périt jamais, quoiqu'il passe par mille formes ; or il est visible que l'esprit n'entre point en comparaison avec un atome, ni même avec quelque corps que ce soit. Et comme la perfection des choses en général va toujours en avant (croissant ou du moins se conservant), il ne faut pas s'étonner si l'âme en sortant de cette vie passe dans un état incomparablement au-delà de celui qu'elle avait avant la naissance. J'ajoute qu'il semble que Dieu nous a voulu laisser une image de la mort en nous faisant sentir que l'âme pense en songeant, et se forge mille choses, comme si elle était dans un monde à part ; et je ne vois rien qui empêche que Dieu ne lui fasse naître des songes agréables et harmonieux, ou tristes et affreux, jusqu'à ce qu'il lui plaise de la faire rentrer dans un corps organique et digne d'elle pour continuer de jouer son rôle, parmi les créatures.

1. Voir, dès 1668, la *Confessio Naturae contra Atheistas*, Pars II, A VI, 1, 492-493.

2. « c'est-à-dire un être agissant » [raturé].

3. Thèse que l'on retrouvera dans le *Discours de métaphysique* (art. 9).

POLIDORE. Vos raisons sont touchantes et sans réplique, et j'avoue que j'en suis pénétré, d'autant que vous avez merveilleusement bien prévenu les objections de ceux qui croient que toutes les âmes doivent être réunies à l'âme de l'univers,[1] comme le corps se perd dans la masse générale. Car comme vous dites fort bien, ce qui est une fois une substance à part le demeurera toujours, et exercera ses fonctions propres, de quelque manière qu'on l'unisse à quelque autre chose. Aussi cette union des âmes à l'âme universelle[2] ne consiste que dans un jeu de paroles qui ne signifient rien, car les âmes ne sont pas comme des gouttes ou des ruisseaux qui se rendent dans un océan; et si la comparaison était bonne, on pourrait dire que chaque atome de la goutte ne laisse pas de subsister dans l'océan même, et qu'ainsi les âmes réunies à l'âme universelle ou plutôt à Dieu ne laisseraient pas d'avoir chacune ses pensées propres.

THÉOPHILE. S'il y avait moyen de vous expliquer et démontrer en peu de mots quelques pensées plus profondes que j'ai, comme par exemple, que les corps ne subsistent qu'à l'égard des esprits et par les esprits, et que chaque esprit est une certaine expression de l'univers[3], et ne

---

1. « comme le corps est réduit en poussière » [raturé].
2. Plutarque attribuait cette opinion à Pythagore et à Platon (*Les opinions des philosophes*, IV, 7). Elle était défendue par les stoïciens. Sous le nom de « doctrine d'un esprit universel unique », Leibniz l'attribue notamment à Averroès, à Pomponazzi, à Naudé, et y associe même Spinoza, les occasionalistes (Malebranche), jusqu'aux mystiques (tels Angelus Silesius et Valentin Weigel). Voir *Considérations sur la doctrine d'un esprit universel unique* (1702), GP VI, 529-531; *Discours préliminaire de la conformité de la foi avec la raison*, § 7-10, GP VI, 53-56.
3. Pour l'ensemble de ce paragraphe, voir *Discours de métaphysique*, art. 9.

saurait naturellement cesser de penser, ni périr qu'avec l'univers, vous ne demeureriez pas seulement d'accord de la providence et de l'immortalité des âmes (car vous en êtes maintenant persuadé), mais encore vous admireriez[1] l'aveuglement de ceux qui s'imaginent que quelques mouvements et divisions de la matière puissent détruire des substances indivisibles, qui donnent toute l'action et même toute l'existence à la matière, et qui ne reçoivent des impressions que de Dieu. Il est vrai que nos âmes pourraient parvenir à un état semblable à celui des enfants qui viennent de naître, qui en effet et quant à la morale vaudrait autant que la mortalité ; mais l'ordre de l'univers ne permettra pas que tant de perfections acquises périssent inutilement : au contraire, c'est par le moyen des esprits que les choses passées se conservent, et que rien ne se perd dans le monde. Enfin c'est par là que Dieu est non seulement principe, mais encore monarque des choses ; et comme chaque esprit est un redoublement ou[2] représentation vivante de l'univers tout entier, suivant les degrés[3] de la manière de concevoir d'un chacun, et que Dieu est lui-même un esprit et la source de tous les esprits, il faut qu'il en ait soin autant que de l'univers, et même que l'univers soit fait de la manière la plus avantageuse, pour former de l'assemblage de tous les esprits une espèce de gouvernement monarchique, qui comme par la réflexion d'autant de miroirs dans lesquels Dieu se regarde lui-même différemment, porte l'éclat de la perfection de Dieu et la satisfaction qu'il en reçoit lui-même, au plus haut point qui est possible.

1. Voir *supra* note 1, p. 90.
2. « miroir vivant » [raturé].
3. « de la perception de chacun » [raturé].

POLIDORE. Je comprends fort bien la force de vos raisons. Car puisque Dieu est un esprit, et le plus parfait de tous, je vois bien qu'il sera le plus heureux, et le plus satisfait ; or je vois bien aussi qu'il se communiquera avec les autres esprits, et qu'il aura bien plus de plaisir, s'il m'est permis de parler ainsi, de son royaume sur les esprits que de son pouvoir sur les corps. Car l'univers pris sans les esprits n'est qu'une fois ; mais chaque esprit est une nouvelle manière d'exprimer ou de représenter l'univers selon que Dieu le regarde pour ainsi dire d'un certain côté[1]. Et les esprits qui songent à Dieu, qui raisonnent de lui et en quelque façon comme lui, autant qu'ils connaissent la vérité, doivent sans doute le toucher incomparablement davantage que toutes les créatures brutes, à l'égard desquelles ces adresses dont Dieu se sert dans le gouvernement des esprits seraient inutiles. Nos républiques ne sont que des[2] petits jeux au prix de cette monarchie universelle, qui ne laissent pourtant pas de plaire à Dieu, comme nous nous plaisons aux petites maisons de cartes que nous voyons bâtir aux enfants. Or le gouvernement monarchique de Dieu étant établi dans sa plus grande perfection, tout ce que la raison peut inventer dans nos républiques s'y doit trouver dans un degré infiniment relevé, et comme la justice n'est autre chose que ce qui contribue à la perfection d'une société, il faut bien que Dieu soit juste au souverain degré.

THÉOPHILE. Puisque nous avons reconnu ce grand point, tirons-en des conséquences de pratique. *Premièrement* : il s'ensuit que le monde se gouverne d'une façon à laquelle une personne sage, qui en sera bien informée, n'aura rien à redire, et même ne pourra trouver rien à souhaiter

1. Voir *Discours de métaphysique*, art. 14.
2. « ébauches » [raturé].

davantage. *Secondement* : que tout homme sage doit être content non seulement par nécessité, et comme ayant patience par force[1], mais avec plaisir, et par une manière de satisfaction extrême, sachant que tout se fera de telle sorte que les intérêts d'un chacun en particulier qui sera persuadé de cette vérité, seront ménagés avec tout l'avantage possible. Car quand Dieu nous admettra à ses secrets un peu plus que jusqu'ici, alors parmi les autres surprises, il y aura encore celle de voir les inventions merveilleuses dont il s'est servi pour nous rendre heureux au-delà de ce que nous aurions été capables de concevoir. *Troisièmement* : que nous devons aimer Dieu sur toutes choses, puisque nous trouvons tout en lui avec plus de perfection que dans les choses mêmes, et puisque sa bonté nous tient lieu de notre toute-puissance. Car par là nous obtenons tout ce que nous pouvons vouloir pour notre bonheur. *Quatrièmement* : que par ces sentiments nous pouvons être heureux ici-bas, par avance, avant que de goûter tout ce que Dieu nous a préparé ; au lieu que ceux qui sont mécontents s'exposent à perdre volontairement tout ce que Dieu a bien voulu leur donner. Et on peut dire que cette résignation de notre volonté à celle de Dieu, auquel nous avons tout sujet de nous fier, suit du véritable amour divin, au lieu que le mécontentement et le chagrin même dans les choses mondaines tiennent quelque chose de la haine envers Dieu ; ce qui est le dernier des malheurs. *Cinquièmement* : que nous devons témoigner l'amour suprême que nous portons à Dieu par la charité que nous

1. La morale stoïcienne se réduit selon Leibniz à cet « art de la patience » (A II, 1, 777). Voir aussi A VI, 4-B, 1482 : « Et cette morale stoïcienne qu'on [Descartes] ressuscite, qui fait de nécessité vertu, et qui met toute la félicité dans une certaine patience par force, n'est pas tout à fait la même que la morale chrétienne » ; *Discours de métaphysique*, art. 4 ; *Théodicée*, Préface, GP VI, 30.

devons au prochain. Et nous devons faire tous les efforts imaginables pour contribuer quelque chose au bien public. Car c'est Dieu qui est le[1] Seigneur, c'est lui à qui le bien public appartient comme en propre, et tout ce que nous ferons au moindre de ses sujets, qu'il a la bonté de traiter de frères, sera fait à lui : d'autant plus prendra-t-il sur lui ce qui contribuera au bien général. *Sixièmement*[2] : nous devons tâcher de nous perfectionner autant que nous pouvons et surtout l'esprit, qui est proprement ce qu'on appelle *nous* ; et comme la perfection de l'esprit consiste dans la connaissance des vérités et dans l'exercice des vertus, nous devons être persuadés que ceux qui auront eu dans cette vie plus d'entrée dans les vérités éternelles et des connaissances plus liquides[3], et plus claires de la perfection de Dieu, et qui l'auront par conséquent aimé davantage, et [auront] témoigné plus d'ardeur pour le bien général, seront susceptibles d'un plus grand bonheur dans l'autre vie. Car enfin rien ne se néglige dans la nature, rien ne se perd avec Dieu : *tous nos cheveux sont comptés, pas un verre d'eau [ne] sera oublié : qui ad justitiam erudierunt multos fulgebunt quasi stellae*[4] ; point de bonne action sans récompense, point de mauvaise sans quelque châtiment, point de perfection sans une suite d'autres jusqu'à l'infini.

POLIDORE. Voilà des maximes véritablement belles et généreuses, et je vois bien qu'elles combattent directement cette indifférence dans laquelle je m'allais plonger sans votre secours. Car si Dieu prend en main le fait et la cause du public, il ne faut pas craindre d'obliger un insensible ; et si nos âmes seront toujours des membres de cette

---

1. « Monarque » [raturé].
2. En marge, raturé : « de métaphysique ».
3. C'est-à-dire claires, certaines.
4. Voir respectivement Matthieu 10, 30 ; 10, 42 ; 13, 43.

république des esprits, nous devons prendre part à ce qui touche à la postérité ; enfin si toutes les perfections acquises une fois se conservent et se multiplient d'une certaine façon, [1] nos connaissances ne mourront pas avec nos corps, et nous n'aurons pas sujet de regretter nos travaux. Vous m'avez rendu la vie, mon cher Théophile, car la vie que j'allais mener, fainéante et négligée, ne valait pas mieux que la mort : je reprends vigueur maintenant, je reviens à mes desseins ; je vois que la vertu et la gloire ne sont pas des chimères. Je reconnais que [2] ces chansons ordinaires de la misère de la vie empoisonnent notre satisfaction, et nous trompent étrangement. Au lieu qu'il faut considérer que nous sommes les plus parfaits et les plus heureux parmi les créatures connues, ou au moins qu'il ne tient qu'à nous de l'être, *felices nimium sua qui bona norint* [3]. Après cela ne nous plaignons plus de la nature ; aimons ce Dieu qui nous a tant aimés, et sachons enfin une fois pour toutes que la connaissance des grandes vérités, l'exercice de l'amour divin et de la charité, les efforts qu'on peut faire pour le bien général, [pour] soulager les maux des hommes, contribuer au bonheur de la vie, avancer les sciences et [les] arts, et tout ce qui sert pour s'acquérir une véritable gloire et pour s'immortaliser par des bienfaits, sont des acheminements à cette félicité qui nous approchera de Dieu autant que nous en sommes capables et qu'on peut traiter, en quelque façon, d'apothéose.

FIN

1. « nos talents », puis « les talents » [raturé].

2. « les hommes sont heureux autant qu'ils le veulent être » [raturé].

3. « Trop heureux sont ceux qui connaissent leurs biens ». Citation légèrement modifiée de Virgile, célébrant le bonheur des paysans (*Géorgiques*, II, v. 458).

DIALOGUE ENTRE UN [1] HABILE POLITIQUE
ET UN ECCLÉSIASTIQUE D'UNE PIÉTÉ
RECONNUE

[LE] POLITIQUE. Toutes les fois que je jette les yeux sur l'histoire des onzième et douzième siècles, je suis surpris de cette manie (car je ne le saurais appeler autrement) qui obligea plus de six millions d'hommes de quitter leur pays pour aller crever en Palestine, ou en chemin. Certes il faut que l'esprit ait ses maladies épidémiques et contagieuses aussi bien que le corps, et celle-ci n'a pas moins ravagé l'Europe qu'une peste pourrait faire. Quand je considère par après que c'est un pape [2] qui en fait une affaire de piété, en proposant la croisade au Concile de Clermont [3], qu'un petit ermite [4] donne le branle à toute l'Europe ; que cet ermite marchant à la tête de quarante mille hommes perd tout son monde en chemin et disparaît lui-même ; que tant de grands princes s'y ruinent, que nonobstant une infinité de désastres, il arrive en Syrie presque en même temps par des chemins divers plus de six cent mille hommes de pied, et plus de cent mille cavaliers bien armés, dont il ne reste en peu de temps que 40 à 50 mille hommes en tout, qui se

---

1. « grand Ministre d'État et un Politique » [raturé].
2. En marge : « Urbain II ».
3. Cet appel du pape (le 27 novembre 1095), relayé par le moine prédicateur Pierre l'Ermite, lança la première croisade qui aboutira à la prise de Jérusalem en 1099.
4. En marge : « Pierre l'Ermite ».

trouvèrent au siège de Jérusalem ; quand je considère enfin que ces marches et ces tueries ont duré un siècle et davantage, je suis obligé de dire que la religion est sujette à causer des grands maux : *Tantum religio potuit suadere malorum*[1].

[L']ECCLÉSIASTIQUE. Il est vrai que ces croisades ont été aussi mal concertées que malheureuses ; mais, Monsieur, voudriez-vous pour cela mépriser ces sortes d'entreprises en général, où la gloire de Jésus-Christ est intéressée ? N'y a-t-il pas moyen de trouver un juste milieu, et faut-il que la piété soit assez malheureuse pour ne se rencontrer jamais avec la sagesse, ni avec la puissance ? Si le zèle de ces siècles a été emporté, je crois que la froideur de ce temps-ci le peut assez tenir en balance ; et vous me pardonnerez, Monsieur, si je vous dis qu'aujourd'hui on prétend de passer pour un esprit fort et politique lorsqu'on se moque des exploits zélés de ce temps-là. Il est vrai que vos lumières et votre mérite vous mettent au-dessus de ce reproche ; néanmoins, ces manières de raisonner s'emparent des esprits les plus éclairés, parce qu'elles flattent insensiblement l'orgueil des hommes, et cette inclination naturelle que nous avons au libertinage.

[LE] POLITIQUE. Vous le prenez là d'un air de prédicateur, et nous y sommes si accoutumés que cela ne me surprend plus ; mais dites-moi au moins si tout ce que j'ai dit contre les croisades de ce temps-là n'est pas incontestable.

[L']ECCLÉSIASTIQUE. Ce que vous avez raconté n'est que trop vrai, mais il y a des vérités[2] auxquelles il faut opposer d'autres vérités pour se former une juste idée des choses.

---

1. « Tant la religion a pu inspirer de maux », Lucrèce, *De rerum natura*, I, 101.

2. « inutiles ~~et peu de saison~~ et même dangereuses » [raturé].

[LE] POLITIQUE. Je n'entends pas bien cette subtilité.

[L']ECCLÉSIASTIQUE. Vous en allez voir un exemple. Si je vous faisais un recueil de tous les défauts de quelques papes, et de tous les abus qui se sont glissés dans l'Église, sans dire mot des grâces que Dieu a faites à son épouse, de la pureté de sa doctrine, ni de la sainteté de tant de grands hommes qui ont rendu témoignage à cette communion, vous me prendriez pour un luthérien, et cependant je ne dirais que des vérités, mais je ne dirais pas toutes [celles] qu'il fallait dire ni de la manière qu'il fallait.

Tout de même ceux qui étalent les maux qui ont suivi les croisades mal concertées, et qui ne font point de réflexion sur les biens qui pourraient revenir à la religion et à l'État des entreprises saintes et bien conduites, favorisent l'impiété lors même qu'ils disent la vérité[1].

Il y a des commodités et incommodités, des biens et des maux dans toutes les choses du monde, sacrées et profanes : c'est ce qui trouble les hommes, c'est ce qui fait naître cette diversité d'opinions, chacun envisageant les objets d'un certain côté ; il n'y en a que très peu qui aient la patience de faire la tour de la chose, et de se mettre même du côté de leur adversaire, c'est-à-dire qui veuillent avec une application égale et avec un esprit de juge désintéressé examiner et le pour et le contre. Car il faudrait bien du temps pour cela et nos passions ou distractions ne nous en donnent guère. Ordinairement nous nous piquons d'un certain esprit de contradiction, nous faisons gloire de ne rien écouter où nous ne trouvions quelque chose à redire. Nous nous étudions surtout de nous opposer à ce

---

1. *Nota bene* : « Ce qui devait suivre a été transféré ailleurs ». Le texte, jusqu'à la fin, est en partie repris dans la *Conversation du Marquis de Pianèse*, voir p. 116-117.

que les hommes ordinaires ont coutume de juger et de souhaiter : cela nous donne une élévation imaginaire au-dessus des autres, et quand nous avons trouvé quelque répartie adroite et ingénieuse, qui peut déconcerter ou rebuter celui qui nous avance quelque proposition, quoiqu'elle soit peut-être utile, nous nous contentons de cette victoire, et passons à d'autres matières sans examiner qui a raison dans le fond, au moins quand notre intérêt présent n'y paraît pas visiblement. Cela vient de ce que nous ne traitons la plupart des questions que par manière de divertissement, ou pour la parade et point du tout pour en former une conclusion qui puisse avoir quelque influence dans la pratique de notre vie. Comme les écoliers en philosophie disputent des vertus, des vices et des passions, sans que cela les touche en aucune façon.

[Le] Politique. Voulez-vous qu'on aille se rompre la tête sur mille choses peu nécessaires ? Ne suffit-il pas que chacun suive sa vocation et le train de vie qu'il a pris après une mûre délibération ? Le reste doit servir plutôt à nous égayer qu'à nous peiner. Comme je vois que les hommes ne demeurent presque jamais d'accord, qu'il n'y a pas moyen de sortir des doutes, et que les méditations mêmes ne servent qu'à nous embarrasser davantage, il me semble que la nature ne nous a pas faits pour jouir de la vérité, mais pour nous régler sur les apparences : c'est pourquoi je ne me veux plus piquer de ces choses, je suivrai un train de vie aisé et libre de toutes ces réflexions qui entêtent.

[L']Ecclésiastique. Prenez garde que vous n'abandonniez trop le soin que vous devons à la recherche de la vérité.

CONVERSATION DU MARQUIS DE PIANÈSE, MINISTRE D'ÉTAT DE SAVOIE [1], ET DU PÈRE EMERY ERMITE ;
QUI A ÉTÉ SUIVIE D'UN GRAND CHANGEMENT DANS LA VIE DE CE MINISTRE OU DIALOGUE DE L'APPLICATION QU'ON DOIT AVOIR À SON SALUT

Le marquis de Pianèse est assez connu dans le monde. Emery Stahl était un gentilhomme allemand fort accompli et capable de se pousser à la cour; mais Dieu l'en retira de bonne heure : il prit une résolution extraordinaire surtout pour un jeune homme nourri dans les délices, et qui avait des biens sortables à sa condition : ce fut de laisser tout là et d'aller chercher un ermitage dans les montagnes de la Suisse. Il y vivait [2] dans la dernière simplicité, il avait toujours l'âme élevée au ciel et ses relâchements mêmes n'avaient que Dieu pour objet. Car il se plaisait à le contempler dans les merveilles de la nature : il étudiait les simples [3], dont il savait tirer des essences admirables, et toutes ces belles connaissances qui l'avaient fait briller dans le monde, purgées de ce qu'elles avaient de profane,

1. Il s'agit de Charles-Emmanuel-Philibert-Hyacinthe de Simiane (1608-1677), marquis de Pianèse (Pianezza, en Italie), militaire, président de la régence en Savoie, qui se fit prêtre à la mort de Victor-Amédée I. Auteur notamment d'un *Traité de la vérité de la religion chrétienne* (traduit de l'italien par le père Bouhours, Paris, 1672).

2. « du travail de ses mains » [raturé].

3. C'est-à-dire les plantes médicinales.

ne lui étaient qu'autant de représentations diverses de la grandeur et de la beauté de Dieu dont il était épris. Il avait eu un talent merveilleux pour les mathématiques, et il voulut essayer s'il en pourrait imiter la certitude dans les matières plus relevées. On en a trouvé quelque chose parmi [ses] papiers, qu'on pourra publier un jour. Il exerçait de grandes charités envers les pauvres, et il leur donnait même des remèdes dont les effets furent merveilleux ; ces succès furent contraires au dessein qu'il avait d'être caché. Car son ermitage fit grand bruit dans le monde, et bien des gens crurent qu'il avait cette pierre fameuse des philosophes. Des princes et des grands seigneurs l'allèrent trouver pour satisfaire à leur curiosité ; mais il les désabusa bientôt, car il ne leur parlait que de Dieu et de la vertu, ce qu'il faisait avec tant d'ardeur et de force qu'il n'y en eut point qui n'en fût touché jusque dans l'âme, et quelques-uns prirent et exécutèrent des résolutions vigoureuses pour rompre toutes les chaînes des considérations humaines.

Le marquis de Pianèse fut de ce nombre. Il était allé voir notre ermite dans cet esprit du monde, qui ne cherche que des nouveautés. Il fut charmé d'abord de la douceur de ses mœurs, et surpris de l'austérité de sa vie. Ils eurent plusieurs conversations ensemble, dont le marquis se tirait adroitement, car il avait une grande vivacité d'esprit, mais il traitait les affaires de piété d'un air trop cavalier. Cela fit peine à l'ermite, qui l'étudiait soigneusement pour connaître son faible et pour l'attaquer par là. Il remarqua bientôt que le marquis parlait souvent de la vanité de toutes les choses du monde, et quoique cela paraissait favorable à la piété et à la retraite, l'ermite, qui était fin, s'aperçut que le marquis le prenait tout autrement, qu'il était infecté du scepticisme à l'ordinaire des gens du grand air, qu'il haïssait toute application aux choses qui ne touchent pas visiblement les sens et l'intérêt présent : ainsi il avait un grand penchant de comprendre même sous le nombre des vaines recherches un soin extraordinaire des affaires du ciel, croyant sans doute qu'il était assez de se régler sur les exemples, et de s'en tenir à la coutume.

L'ermite lui ayant assez tâté le pouls, et ne doutant plus que ce ne fut là sa maladie, tourna le discours sur les sciences : il dit que nous avions sujet de rendre grâce à Dieu de tant de moyens qu'il nous avait donnés de le connaître et de l'aimer.

Le marquis lui répliqua qu'il avait toujours cru que nous ne savions presque rien, que les mathématiques étaient plutôt curieuses qu'utiles, si ce n'est à ceux qui en font un métier, que la médecine était mal assurée, la morale pleine d'imaginations, la théologie sujette à des controverses difficiles. Que son opinion était de laisser les recherches naturelles aux curieux de profession, de ne suivre que la coutume en morale, et l'Église en matière de foi. Qu'il avait vu plusieurs personnages de grande réputation, mais qu'il n'avait jamais rien vu chez eux capable de le faire croire qu'ils eussent une connaissance de Dieu et de la nature véritablement au-dessus de la vulgaire. Qu'il y avait souvent plus de façon et de parade ; qu'on faisait montre de quelques petites curiosités ou de quelques austérités capables d'éblouir le vulgaire, mais que nous étions tous également ignorants dans le fond, lorsqu'il s'agissait de quelque chose d'importance. Enfin qu'il souhaitait d'en être désabusé, et qu'il était fort persuadé que s'il y avait une personne au monde capable de le faire changer de sentiment, que ce serait celle à qui il avait l'honneur de parler.

Tout cela n'était qu'à dessein d'obliger l'ermite à se découvrir un peu, car le marquis brûlait de voir une

projection [1], puisqu'on lui avait fait passer l'ermite pour
un adepte [2]. Mais celui-ci tourna la chose d'une autre
manière. Il fit connaître au marquis qu'il ne s'attribuait
rien qui fût au-dessus du vulgaire que la seule application,
car, dit-il, les hommes ne diffèrent que par là ; c'est en
quoi consiste principalement la grâce qui les distingue,
puisqu'on peut dire que la nature les a tous également
favorisés. Car Dieu donne l'attention à ceux qu'il veut
retirer de la corruption publique : il ne leur faut ni des
révélations ni des miracles ; il n'est pas nécessaire même
qu'ils aient des connaissances plus relevées que le commun,
ni de la nature, ni de Dieu, car les semences des plus
importantes vérités sont dans l'âme du moindre paysan ;
qu'il faut seulement les ramasser et les cultiver avec soin.
C'est-à-dire il ne faut pas considérer les choses à la légère, [3]
il faut prendre une résolution inviolable de rapporter tout
à une fin qui est de se perfectionner, et comme s'il s'agissait
d'acquérir une charge, ou de faire quelque autre grande
fortune, il faut faire paraître le même soin qui se voit dans
les prudents du siècle, qui vont à leur but. Je n'ai pas d'autre
secret (dit-il) à apprendre à ceux qui cherchent non pas
des petites curiosités, mais quelque chose de grand et [4] de
solide. Car si j'avais des panacées et des teintures, que je
n'ai point, je ne les compterais pour rien au prix de cette
médecine universelle des âmes. Je ne m'étonne donc pas,
Monsieur, que vous méprisiez tous les attachements,

1. La projection est une opération de chimie qui consiste à jeter
dans un creuset posé sur un feu une matière réduite en poudre pour
la faire calciner. On appelait « Poudre de projection » la poudre avec
laquelle les alchimistes prétendaient changer les métaux en or.

2. L'adepte est celui qui est parvenu au « grand œuvre », c'est-à-
dire, selon les alchimistes, à la pierre philosophale.

3. « il faut aller au grand but, qui est de perfectionner » [raturé].

4. « d'avantageux au genre humain » [raturé].

puisque vous vous imaginez qu'il n'y a que des choses
éclatantes et extraordinaires qui le méritent, car elles ne
se trouvent que rarement, ou peut-être nulle part, de la
manière que vous les voulez ; et moi qui crois que les
choses ordinaires comme le feu et l'eau sont les plus
efficaces, je m'imagine que ce qu'il y a d'extraordinairement
utile ne consiste que dans l'usage et dans l'application.
Voyez-moi les *Éléments* des géomètres. Y a-t-il rien de
plus simple que les axiomes et les demandes qui se trouvent
à la tête de ce livre [1] ? Et cependant leur seul arrangement
a produit tant de vérités surprenantes. C'est donc en quoi
la coutume diffère de la raison, ceux qui la suivent
n'approfondissent rien, ils sont semblables à un écolier
qui se contenterait de lire les axiomes d'Euclide sans passer
aux théorèmes qu'on en tire ; ou à un sceptique qui se
moquerait des géomètres qui se vantent de connaissances
extraordinaires, et qui n'ont rien qu'ils ne tirent de vérités
si basses et si triviales qu'on aurait honte de les rapporter
en compagnie. Vous autres, Messieurs, ne voulez que des
nouveautés éclatantes, *signa et prodigia* [2] ; mais lorsqu'on
ne vous dit que des choses ordinaires, et qu'on vous fait
voir que vous devez avoir vous-mêmes le soin d'en tirer
quelque chose d'important pour votre perfection, quoiqu'on
vous en montre la méthode et qu'on s'offre de vous frayer
le chemin, vous vous rebutez. Cependant c'est l'ordre des
choses, c'est la providence qui l'a établi ainsi. On ne saurait
rien si on ne le savait par les principes, qui sont toujours
aisés. Un homme qui saurait par cœur les belles propositions
des géomètres, sans en savoir les démonstrations, aurait
chargé sa mémoire, mais il n'aurait point perfectionné son

---

1. Il s'agit ici des *Éléments* d'Euclide. Ces « axiomes » et
« demandes » se trouvent au livre I.

2. « des signes et des prodiges ». Allusion à Jean 4, 48.

esprit. C'est la même chose à l'égard de la science de Dieu, et de la véritable vie. On ne vous peut dire que des choses ordinaires, car il faut commencer par des principes aisés que vous accordez, mais si vous vous y appliquez, il se fera en vous un changement heureux dont vous serez bien surpris.

LE MARQUIS DE PIANÈSE. Je doute fort que la raison puisse établir quelque chose de solide dans les questions de pratique : car il n'y a que la coutume en morale, et la foi en matière de religion qu'on puisse suivre.

L'ERMITE. Vous distinguez la coutume et la foi en apparence, mais de la manière que vous vous y prenez, il me semble que votre foi n'est qu'une espèce de coutume en matière de culte. Si vous étiez né mahométan vous en diriez autant.

PIANÈSE. Je rends grâce à Dieu de ce que je suis.

L'ERMITE. Un musulman ne le fait-il pas ?

PIANÈSE. Que voulez-vous qu'on fasse ? Dieu donne sa grâce à qui il veut.

L'ERMITE. Oui sans doute, et à ceux qui la veulent.

PIANÈSE. Le vouloir même est une grâce de Dieu.

L'ERMITE. Mais le vouloir ne consistant que dans une forte résolution de s'appliquer à ce qui regarde son salut, il est inutile de chercher la source de la volonté. Car que peut-on souhaiter davantage de Dieu et de la nature ? Ne suffit-il pas de n'avoir besoin que de volonté ou d'attention pour être ou heureux ou inexcusable ?

PIANÈSE. [1] Cette application que vous recommandez serait utile, s'il y avait apparence de profiter des recherches, mais l'expérience fait voir qu'il n'y a rien de si inutile : et lorsqu'on veut abandonner la coutume et pour méditer et

---

1. « L'attention » [raturé].

pour suivre une certaine raison prétendue, on s'égare d'abord dans un labyrinthe de disputes. Car je vois que les hommes ne demeurent presque jamais d'accord, qu'il n'y a pas moyen de sortir des doutes, et que les méditations mêmes ne servent qu'à nous embarrasser davantage. Il me semble que la nature ne nous a pas faits pour jouir de la vérité, mais pour nous régler sur les apparences. C'est pourquoi il y a longtemps que j'ai pris la résolution de ne me plus piquer de ces connaissances prétendues; et je me contenterai de suivre un train de vie aisé et libre de toutes les réflexions qui entêtent.

L'ERMITE. Prenez garde, Monsieur, que vous ne vous négligiez trop, et que vous n'offensiez Dieu, qui ne vous a pas donné cet esprit pénétrant pour ne vous en servir qu'à regarder la superficie des choses. Je crois qu'il serait plus à propos d'accuser notre paresse que la nature qui nous a faits sans doute pour une fin plus noble que les bêtes, qui se suivent aveuglément jusqu'à se précipiter les unes après les autres. Pour ce qui est de l'incertitude que vous croyez trouver partout, je vous en pourrais découvrir et la cause et le remède, si vous l'agréez.

PIANÈSE. J'y prendrai un très grand plaisir. Car ce que vous avancez d'un remède contre l'incertitude me paraît paradoxe, et les paradoxes plaisent lorsqu'une personne d'esprit, comme vous êtes, leur donne un certain jour d'une belle apparence.

L'ERMITE. Je suis bien éloigné de cette humeur qui se plaît aux paradoxes, et je n'avance que des choses dont je suis pénétré; ce ne sera pas sans doute aussi pour contribuer au plaisir que vous prenez à la nouveauté que je tâcherai de vous satisfaire, mais je profiterai de votre penchant afin de vous rendre plus attentif. Voici donc la cause de l'incertitude et des disputes sans fruit; pour le remède nous en parlerons par après. Il y a des commodités et des incommodités, des biens et des maux dans toutes les choses du monde sacrées et profanes, c'est ce qui trouble les hommes, c'est ce qui fait naître cette diversité d'opinions, chacun envisageant les objets d'un certain côté ; il n'y en a que très peu qui aient la patience de faire le tour de la chose jusqu'à se mettre du côté de leur adversaire, c'est-à-dire qui veuillent avec une application égale, et avec un esprit de juge désintéressé examiner et le pour et le contre, afin de voir de quel côté doit pencher la balance. Car il faudrait bien du temps pour cela, et nos passions ou distractions ne nous en donnent guère. Ordinairement nous sommes remplis d'un certain esprit de contradiction, et nous faisons gloire de ne rien écouter, où nous ne trouvions quelque chose à redire : nous nous étudions surtout à nous opposer en apparence à ce que les hommes ordinaires ont coutume de juger et de souhaiter ; par là nous rendons tout problématique, et puisque nous nous plaisons aux disputes, pourquoi sommes-nous surpris si tout est disputable pour ceux qui s'arrêtent à des considérations légères ? D'autant qu'ordinairement, ce n'est pas pour profiter mais pour se divertir qu'on raisonne. Vous avez dit vous-même, Monsieur, que vous voulez suivre la coutume, et cependant vous dites que vous vous plaisez aux paradoxes, ce n'est donc pas pour les suivre ; les sentiments singuliers nous donnent une élévation imaginaire au-dessus des autres, nous serions marris de parler comme le vulgaire, quoique nous suivions le torrent de la corruption générale. C'est que nous ne cherchons qu'à bien parler et à paraître, et rien de plus.

Quand nous avons trouvé quelque répartie adroite ou ingénieuse, qui peut rebuter ou déconcerter celui qui nous avance quelque proposition, quoiqu'elle soit peut-être utile et bien fondée, nous nous contentons de cette victoire, et nous passons à d'autres matières, sans examiner qui a eu raison dans le fond, au moins quand notre intérêt visible n'y paraît point, car nous sommes bien aises d'avoir une défaite, qui flatte notre paresse avec quelque apparence de raison. Tout cela vient de ce que nous ne traitons la plupart des questions que par manière de divertissement, ou pour la parade, et point du tout pour en former une conclusion qui puisse avoir quelque influence dans la pratique de notre vie, comme les écoliers en philosophie disputent des vertus, des vices et des passions, sans que cela les touche en aucune façon.

PIANÈSE. Voulez-vous qu'on aille se rompre la tête de mille choses peu nécessaires ? Ne suffit-il pas que chacun suive sa vocation, et le train de vie qu'il a pris après une mûre délibération ? Le reste doit servir plutôt à nous égayer qu'à nous peiner.

L'ERMITE. Il suffit sans doute que chacun suive sa vocation, mais il est de notre vocation de songer à l'amendement de notre vie et à la rectification de notre jugement, dans les matières importantes, et qui nous peuvent faire changer quelque chose dans notre manière d'agir. Croyez-vous que Constantin le Grand aurait jamais pris la résolution de se faire chrétien, ou que Carloman, oncle de Charlemagne, serait descendu du trône pour ne songer qu'à son salut, s'ils n'avaient fait que des réflexions légères en passant ? Vous me direz que Constantin le Grand a vu un miracle, et que Carloman a trop fait, vous vous moquerez même peut-être de la simplicité de son siècle [1]. Je vous

---

1. Eusèbe de Césarée rapporte que, peu avant la bataille du pont Milvius (312), Constantin (272-337) vit apparaître dans le ciel, en plein midi, une croix de feu avec l'inscription « Par ce signe tu vaincras » (*Vie de Constantin*, I, 28). Face aux incursions des Alamans en territoire franc, Carloman (vers 710-754), maire du palais d'Austrasie,

demeure d'accord que le zèle de piété et le soin de nos
affaires ne sont pas incompatibles; ainsi l'action de
Carloman n'est pas toujours un exemple à suivre. Mais
pour ce qui est du miracle qui a obligé Constantin de se
rendre chrétien, ce n'est pas une chose bien avérée, et si
elle l'était, je crois que la voix de Dieu, qui nous parle[1]
intérieurement, doit avoir autant de pouvoir sur les esprits
bien faits que la vue d'un prodige qui étonne le vulgaire.
C'est pourquoi je souhaiterais que les hommes voulussent
se résoudre quelquefois à une espèce de retraite d'esprit,
afin de considérer à loisir leur état présent et à venir et afin
de prendre quelque résolution vigoureuse, non pas tant
pour quitter le monde que pour se défaire de cette
indifférence dangereuse.

PIANÈSE. Croyez-moi qu'il y en a eu beaucoup qui se
sont laissés aller souvent à ces réflexions. Mais voyant que
cela n'a rien produit que des troubles d'esprit, qui ne servent
qu'à empoisonner la douceur de ce peu de vie que la nature
nous a accordé, ils en sont revenus, d'autant qu'ils ont vu
que plus on y pense, plus on s'embarrasse. J'ai été du
nombre de ces rêveurs; mais Montaigne et Le Vayer[2]
m'ont guéri de cette espèce de maladie.

L'ERMITE. Ah! Monsieur, que me dites-vous? Ce sont
là les vrais moyens d'étouffer tout sentiment de christianisme,
et de s'abîmer dans un scepticisme malheureux. Pour moi,
je ne saurais lire ces deux auteurs sans avoir pitié et de
leur aveuglement et des maux qu'ils causent dans les âmes.

convoqua en 746 une assemblée de justice à Cannstatt. Elle fut suivie
de l'exécution d'une partie des princes alamans. Selon la tradition,
Carloman serait entré en religion afin d'expier ce massacre

1. « par notre conscience et par son Église » [raturé].

2. François de La Mothe Le Vayer (1588-1672), philosophe
sceptique, auteur des *Dialogues faits à l'imitation des Anciens* (1633).

Je rends grâce à Dieu, non pas comme si j'avais reçu de lui plus de talents que les autres, car je le cède volontiers, et j'avoue que c'est le malheur ordinaire que ceux qui ont le plus d'esprit et de savoir ont le moins de dévotion ; mais j'ai reçu de Dieu une grâce, que j'estime plus que toutes les autres, et que bien des gens n'accepteraient pas, c'est que je suis pénétré des saintes vérités, et que j'entends retentir dans mes oreilles cette voix qui nous appelle au jugement. C'est pourquoi je ne songe à rien où je ne trouve quelque matière de me corriger, et il n'y a point d'entretien qui ne me fournisse des occasions de rapporter tout à la gloire de ce Dieu que j'aime. Vous ne sauriez croire, Monsieur, quelle douceur je trouve dans cette manière de vivre, et si les hommes en avaient ordinairement quelque expérience, bien des gens m'envieraient mon bonheur. Je suis persuadé que le monde est une espèce de [1] cité aussi bien ordonnée qu'il est possible, dont le Seigneur a en main et la sagesse et la puissance souveraine. Comment ne pourrais-je donc pas aimer un tel maître qui est la bonté même, et qui ne me laisse rien à souhaiter ? Car si j'ai le bonheur de me conserver jusqu'[au] bout ces sentiments si aisés par sa grâce et si raisonnables, je suis assuré d'une félicité qui passe toute imagination, et si je m'éloigne de Dieu tant soit peu, je ne vois que de la misère dans la condition des hommes. C'est pourquoi je ne m'étonne point que ceux qui n'entrent pas assez là-dedans ne viennent pas volontiers à des réflexions sérieuses, car elles leur représentent leur état malheureux sans leur faire voir aucun remède. Un esclave enchaîné dans la galère fera des efforts pour détourner ses pensées de son malheur, et celui qui attend le supplice au sortir de sa prison se plongera dans

---

1. « République » [raturé] ; « Monarchie » [raturé].

une espèce de stupidité, pour ne pas sentir les tourments par avance. Mais ces premiers chrétiens attendaient la couronne du martyre, trouvaient du plaisir dans leurs chaînes, et quand ils considéraient qu'ils allaient entrer dans la gloire, en passant par quelques fâcheux moments, ils étaient bien éloignés du conseil de Montaigne, qui veut qu'on aille se plonger dans la mort tête baissée, et sans y songer que le moins qu'on peut[1].

Je crois que vous m'avouerez que celui qui est dans ces sentiments généreux et qui est satisfait de l'avenir peut faire des réflexions compatibles avec la douceur de la vie, et j'oserais dire qu'on ne saurait la goûter tout de bon sans être persuadé de ce que je viens d'expliquer; car ne sommes-nous pas dans une prison qui nous donne mille chagrins? et au sortir de là, n'attendons-nous pas des supplices encore plus grands que les criminels ont coutume d'en souffrir? Car ceux à qui on coupe la tête ne sentent presque rien en mourant, et la plupart de ceux qui meurent dans leur lit sont sujets aux tourments de l'agonie, qui passent souvent ce qu'on fait souffrir aux plus criminels. Mais il y a encore quelque chose à craindre au-delà de la mort. Car quelque effort que nous fassions pour nous divertir de tous les soins de l'avenir, il n'est pas en notre pouvoir d'empêcher qu'il ne nous vienne quelquefois des pensées fâcheuses de travers, qui nous font songer malgré nous à ce que nous allons devenir, et qui servent d'admonition à ceux qui sont corrigibles, et de châtiment aux méchants; car cette amertume est salutaire aux uns, et insupportable aux autres;

1. Voir *Essais*, III, 9, Paris, 1588, p. 428 : « Il m'advient souvent d'imaginer avec quelque plaisir les dangers mortels et les attendre : je me plonge la tête baissée stupidement dans la mort, sans la considérer et reconnaître, comme dans une profondeur muette et obscure, qui m'engloutit tout d'un saut, et m'accable en un instant d'un puissant sommeil plein d'insipidité et indolence. »

mais ceux qui n'en sentent point se doivent estimer d'autant plus malheureux que Dieu ne leur fait pas même encore la grâce de les avertir. Il est pourtant vrai que ceux qui n'écouteront point sa voix sont plus punissables qu'eux.

PIANÈSE. Votre discours me peine et m'embarrasse, et si j'avais prévu que vous y alliez aboutir, je me serais bien gardé de vous en donner occasion.

L'ERMITE. Eh quoi! Monsieur, est-ce vous embarrasser que de vous proposer un moyen de vivre avec une satisfaction sans égale, où vous puissiez tout espérer et ne rien craindre?

PIANÈSE. Vous me faites une terrible peinture de la vie et de la mort, et pour me remettre, vous me faites des contes en l'air. Car toutes ces belles promesses s'en vont en fumée quand on les examine sans prévention, et j'ai souvent ouï-dire ces choses-là à des hypocrites ou à des visionnaires. Cela fait que j'évite ces discussions inutiles tant que je puis.

L'ERMITE. Et moi je soutiens que c'est un des plus grands péchés que de détourner l'esprit tout exprès de l'attention nécessaire, c'est éteindre le reste de la lumière divine, c'est s'opposer à la grâce naissante; c'est fort approcher du péché contre le Saint-Esprit[1].

PIANÈSE. Ce sont des grands mots, mais je n'ai pas coutume de me laisser éblouir par leur éclat. Je crois qu'il est assez d'avoir une fois examiné les choses de près pour prendre une résolution, et quand on l'a fait il s'y faut tenir, sans s'embarrasser l'esprit davantage; autrement on sera toujours en peine, flottant entre la crainte et l'espérance.

L'ERMITE. Je réponds par une comparaison d'une matière qui vous est familière. Imaginez-vous que vous vous êtes

1. Le péché ou blasphème contre le Saint-Esprit désigne principalement l'opposition à la vérité reconnue et le rejet obstiné de la grâce.

logé sur un bastion pris sur les ennemis : on a des raisons
d'appréhender qu'il n'y ait là-dessous une mine cachée.
Vous la cherchez en vain et, las de chercher, vous êtes
obligé de vous reposer enfin, quoiqu'[il] en puisse arriver.
Vous ne laisserez pas de passer fort mal plusieurs moments
dans cette inquiétude, et le moindre bruit vous donnera
une appréhension mortelle si vous n'êtes ou fort brutal,
ou fort endurci, ou doué d'un naturel tout à fait excellent,
ou si vous n'êtes accoutumé à surmonter les passions par
la raison ; car il est vrai que la raison vous ordonnera de
divertir l'esprit de ce soin inutile, qui ne remédie à rien et
qui vous ôte le repos ; mais cette même raison ne veut pas
que vous négligiez de songer à quelque nouveau moyen
de vous assurer : et vous feriez fort mal de rejeter les
moindres ouvertures nouvelles dans une affaire de cette
importance, sous prétexte que vous y avez assez songé, et
qu'il ne faut plus s'en inquiéter. Il est vrai que vous auriez
droit de parler ainsi, si vous étiez sûr d'avoir fait tout ce
qu'un homme peut faire, et si vous aviez une méthode qui
vous assurât de n'avoir rien laissé en arrière. Cela vous
exempterait de toutes les recherches futures, ce qui se peut
en effet lorsqu'il s'agit de chercher cette mine ; mais vous
m'avouerez que vous êtes trop sceptique pour croire qu'il
se puisse trouver une telle méthode à l'égard des questions
plus éloignées des sens. Cependant n'est-ce pas étrange
que vous ne prétendiez vous dispenser de tous les soins
que parce que le hasard n'a pas favorisé d'abord vos
premières peines, et parce que vous vous êtes rebuté ?
Assurément s'il s'agissait de fouiller dans la terre pour
chercher ce fourneau dangereux, vous ne seriez pas si
négligeant, et vous songeriez que la poudre vous pourrait
enlever bras et jambes, vous laissant traîner un reste de
vie pire que la mort. Et cependant lorsqu'il s'agit de la

misère ou de la félicité suprême vous affectez une fausse tranquillité qui vous coûtera cher un jour.

PIANÈSE. Mais il s'en suivra que je ne pourrais donc pas faire autre chose, s'il faut toujours chercher ou s'il faut toujours écouter tous ceux qui se mêleront de nous donner des leçons.

L'ERMITE. Vous donnez un nom odieux à mes avis salutaires. Mais ne craignez pas qu'il y ait trop de gens qui vous veuillent faire leur cour par là. Ils savent trop leur monde : vous ne serez pas inquiété de ce côté. Vos affaires ne doivent pas servir de prétexte, car cette heure que nous y allons employer, si j'ai le bonheur de vous faire consentir, pourra-t-elle faire du tort à vos occupations, quelques grandes qu'elles puissent être ?

PIANÈSE. Vous êtes fort pressant, et il faut vous donner cette satisfaction car je vous considère assez pour ne pas vouloir passer auprès de vous pour un opiniâtre ; mais ce sera à condition que vous ne m'importuniez plus dorénavant de ces choses-là.

L'ERMITE. Cette condition est inique. Car voulez-vous que je trouve justement ce favorable moment que Dieu vous a peut-être gardé ? Sachez qu'un coup n'abat point l'arbre et songez que vous allez stipuler de moi une chose qui serait directement contre vos intérêts, et qu'il ne dépend pas de moi de promettre, ni de vous d'accepter.

PIANÈSE. Après avoir fait quelque violence à la résolution que j'avais prise de ne me plus engager en ces discussions, vous m'avez fait naître quelque envie d'écouter ce que vous direz. Mais prenez garde de n'avancer que ce qui est solide. Vous savez que je suis chrétien grâce à Dieu [1]. Mais je veux que vous remontiez jusqu'à la source, et que vous

---

1. « et même catholique » [raturé].

feigniez d'avoir affaire à un homme qui ne vous accorde rien, non pas même ce qu'il croit dans son âme. Car puisque vous m'avez traité en sceptichien, j'en prendrai le personnage et les armes, pour vous en faire repentir.

L'Ermite. Ce que vous dites, Monsieur, me donne du plaisir, bien loin de m'intimider : car il y en a peu de ceux qui se piquent d'être du grand monde qui n'aient besoin quelquefois d'un confortatif de leur créance, et j'aime bien mieux que vous me contestiez même ce que vous croyez dans l'âme que de voir que vous m'accordiez quelque chose par manière d'acquis pour vous tirer d'affaire.

Pianèse. Eh bien donc ! entrons en matière.

L'Ermite. J'ai toujours reconnu que le scepticisme est la source de l'incrédulité et du peu d'attachement aux choses spirituelles que je remarque dans les gens du monde. Car ils s'imaginent que la plupart des choses qui se débitent dans les chaires sont des rêveries, ils ont souvent remarqué que ceux qui prêchent parlent suivant leurs intérêts, et néanmoins ne sont pas les plus persuadés : ils ont vu qu'on mêle quantité d'absurdités et fables parmi les enseignements de piété, ils ont découvert plusieurs faux dévots ; et quand on vient à la contestation, la vivacité ordinaire aux gens qui ont toujours paru dans les compagnies leur donne un avantage sur ceux qui tiennent le parti de la dévotion, qui s'éloignent ou qu'on éloigne du siècle, et dont la simplicité humble est bientôt démontée par cet air impérieux et méprisant des autres, qui ne souffrent qu'avec impatience qu'on aille troubler leurs plaisirs ou affaires. S'ils voulaient pousser la recherche au bout, peut-être pourraient-ils se reconnaître à la fin. Mais leur légèreté ou distraction ne leur permet pas de s'attacher ; et ayant reconnu par une infinité d'exemples qu'il est aisé de disputer de tout ce qui ne tombe pas sous les sens, ils croient qu'il n'y a rien d'assuré. Et ils se persuadent aisément que les dogmes positifs ne sont que des effets de quelques hypocrites adroits ou de quelques esprits mélancoliques, à qui la nature ou la fortune a ôté ou défendu les plaisirs qu'ils censurent dans les autres.

J'ai donc reconnu par plusieurs conférences qu'on aura gagné beaucoup, quand on aura fait renaître l'envie de chercher la vérité, que le désespoir de la trouver avait abolie.

PIANÈSE. Vous avez justement rencontré l'endroit où je suis le plus sensible ; car je n'ai que trop reconnu [1] que nous sommes des ignorants tous autant que nous sommes, que tous nos raisonnements ne sont fondés que sur des suppositions, que nous manquons de principes pour juger des choses, qu'il n'y a point de règle de la vérité, que chacun a son sens particulier et qu'il n'y en a presque point de commun. Car d'où viendraient sans cela toutes les discussions, qui ont fait dire à un ancien [2] que les horloges s'accorderaient plutôt que les philosophes ? D'où viendrait que toutes les conférences n'aboutissent à rien, que nous ne voyons guère qu'un habile homme cède à un autre, et que même plusieurs personnes, que je crois chercher la vérité sincèrement, ne se rencontrent presque jamais en chemin ?

L'ERMITE. Peut-être qu'il n'est pas difficile de développer tout ceci. Car feignons par plaisir qu'on puisse trouver la vérité, qu'on puisse établir des principes incontestables, et qu'il y ait moyen d'avoir une méthode sûre pour en tirer des conséquences importantes ; et que Dieu même nous

---

1. « que tout notre savoir n'est qu'une vanité » [raturé].
2. Il s'agit de Sénèque, qui déclarait pourtant au contraire : « on mettra plus facilement d'accord les philosophes que les horloges » (*Apocoloquintose*, II, 2).

envoie cette nouvelle logique du ciel. Je suis néanmoins assuré que les hommes ne laisseraient pas de se brouiller, de la façon qu'ils s'y prennent ordinairement.

PIANÈSE. Si vous me faisiez voir cela, ce serait déjà quelque chose.

L'ERMITE. Cela est aisé à voir, Monsieur, et je vous demande si vous ne m'accordez pas qu'il y a moyen de s'assurer des résolutions qui se donnent en géométrie.

PIANÈSE. Je l'avoue.

L'ERMITE. Et nonobstant cela, il y a des gens qui s'y brouillent étrangement : témoin ces prétendus quadrateurs du cercle ou duplicateurs du cube. De sorte que je m'assure que nous aurions une géométrie aussi incertaine et aussi contestée que la métaphysique, s'il y avait quantité d'écrivains semblables à un nommé Bertrand de la Coste[1], ou à un bonhomme que j'ai vu à Paris qui appelait son livre *Haec nova novis*[2], qui ne promettait pas moins que de donner la quadrature du cercle, la duplication du cube et le mouvement perpétuel tout à la fois.

PIANÈSE. Cela est vrai, et je reconnais qu'il nous arrive quelquefois d'avoir de bons principes et de ne s'en pas servir. Mais par où connaîtrons-nous si ceux que nous avons sont bons, ou si nous nous en sommes bien servis ? Car la géométrie est assez vérifiée par les sens et par l'événement, dont le secours nous est inutile dans les matières spirituelles, et qui regardent l'avenir.

---

1. Colonel d'artillerie, auteur de *La démonstration de la quadrature du cercle. Qui est l'unique couronne et principal sujet de toutes les mathématiques* [...], Hambourg, 1666, puis 1677. L'Académie des Sciences de Paris ne prit pas au sérieux ses travaux. Il en conçut un vif ressentiment, auquel il donna libre cours à travers une série de violentes diatribes dirigées contre cette institution.

2. « Nouveautés pour les modernes ». L'identité de ce personnage n'est pas connue.

L'ERMITE. La nature nous a été plus libérale que nous ne croyons, et nous avons d'autres moyens de juger des choses. Si vous aviez eu le loisir d'approfondir la géométrie, vous auriez vu que ces principes ne dépendent point de l'expérience, mais de certaines propositions de la souveraine raison, qui ont même encore lieu en d'autres matières ; car par exemple, s'il y avait une balance exactement ajustée des deux côtés et chargée de part et d'autre de deux globes égaux et de même matière, ne m'accorderez-vous pas qu'elle demeurerait en équilibre, quand on l'y aurait mise une fois ?

PIANÈSE. Je l'accorde.

L'ERMITE. Et par où le jugez-vous ? je vous prie ? Vous faut-il une expérience pour vous en assurer, ou plutôt n'y a-t-il pas une lumière intérieure qui vous oblige d'y donner les mains ?

PIANÈSE. Il est vrai que j'y engagerais hardiment tout ce que j'ai de vaillant et cependant je vous avoue que je ne me souviens pas d'en avoir jamais fait l'expérience.

L'ERMITE. Mais pensez-y un peu, et dites-moi pourquoi vous jugez ainsi.

PIANÈSE. C'est que je vois clairement qu'il n'est pas possible de trouver la raison de quelque diversité, lorsque tout est semblable de part et d'autre.

L'ERMITE. Voilà qui va bien, et je vous assure qu'il y a quantité d'autres principes dont nous nous servons tous les jours dans le raisonnement, sans les avoir appris de l'expérience ; et cependant le succès les vérifie, et il n'y a point d'homme de bon sens qui ne s'y rende, lorsqu'il ne s'agit pas d'une dispute vaine, mais d'une question de pratique et d'intérêt. Qui est celui qui ne soit fort persuadé que [1] les Romains ont été les maîtres d'une grande partie

1. « Jules-César a vaincu Pompée »

de l'univers, qu'il y a un pape à Rome, qu'il y aura un hiver et un été l'année qui vient ? Car quoique tout cela ne se puisse pas démontrer absolument, c'est néanmoins si assuré que nous y hasarderions notre vie, comme nous l'exposons tous les jours, en effet, sur des principes encore moins sûrs [1].

Nous tenons pour certain que ce qui est toujours arrivé tant que nous nous souvenons, comme par exemple l'échange du jour et de la nuit, arrivera encore ; *item* qu'il n'y a pas d'apparence que ceux qui n'ont pu concerter leurs relations entre eux puissent s'accorder dans un grand nombre de petites circonstances. C'est par là que nous jugeons qu'il y a une ville dans le monde qui s'appelle Constantinople. Ce principe de notre religion est de la même nature : qu'on ne saurait faire un grand nombre de prédictions justes et bien circonstanciées des révolutions qui arriveront après quelques siècles, à moins que d'être un prophète envoyé de Dieu. Et il y a quantité d'autres axiomes semblables.

PIANÈSE. Toutes ces choses sont bien sûres, mais il y en a quantité d'autres qui ne le sont pas, et pour lesquelles les hommes se battent. Considérez seulement les animosités des théologiens, les incertitudes du droit, les contradictions des médecins, la diversité des mœurs, et des maximes, et vous serez de mon sentiment. Peut-être avouerez-vous même qu'il ne faut pas espérer d'en venir à bout.

L'ERMITE. Que me donneriez-vous, Monsieur, si je vous faisais voir une méthode assurée de les terminer toujours, suivant les principes d'une prudence incontestable ?

_____

1. « Ces principes sont : que ce qui est toujours arrivé ou le plus souvent arrivera encore » [raturé]

PIANÈSE. Je vous donnerais ma parole de vous écouter toujours avec toute l'attention dont un homme est capable.

L'ERMITE. Cela ne se doit qu'à Dieu et, si vous me l'accordez, ce ne sera que pour vous rendre attentif à Dieu. N'est-il pas vrai que nous avons l'art de juger des conséquences ?

PIANÈSE. Cela est vrai quand elles sont réduites en forme.

L'ERMITE. Mais n'est-il pas toujours facile de les y réduire ?

PIANÈSE. Je crois que oui, et cela se pratique dans les écoles, mais sans fruit.

L'ERMITE. Non, Monsieur, on ne l'y pratique pas : on commence, ou plutôt on fait semblant de le faire, mais on ne le pousse pas au bout, et on ne considère pas assez que la forme ne consiste pas dans cet ennuyeux *quicunque, atqui, ergo*[1].

PIANÈSE. Et en quoi donc ?

L'ERMITE. C'est que tout raisonnement, exprimé en propositions précises, suffisantes, en sorte qu'il n'y a rien à suppléer, dépouillées des paroles inutiles autant qu'on peut, enfin ordonnées et liées d'une manière à produire toujours la conclusion par la forme et non pas par la matière, c'est-à-dire aussi bien en ce cas qu'en tout autre, cela, dis-je, est un argument en forme, quoiqu'il n'observe pas l'ordre et la façon de l'École ; car un enchaînement ou sorite, un dilemme ou énumération de tous les cas, enfin toute démonstration mathématique formée à la rigueur, même un calcul d'algèbre, une opération d'arithmétique, sont des arguments en forme, aussi bien que des syllogismes vulgaires à trois termes.

---

1. « quicunque, or, donc ».

PIANÈSE. Cela me surprend, mais j'y trouve de la raison, et je commence à voir que si nous avions la patience ou le loisir de nous servir de cette rigueur,[1] nous pourrions examiner tout avec ordre et méthode. Car enfin je vois bien que tout argument peut être réduit en forme, c'est-à-dire rendu précis et simple et, quand il l'est, on peut juger infailliblement et distinctement s'il manque quelque chose à l'intégrité et à la connexion des suppositions ; mais j'y vois encore un embarras, car quoique toutes les suppositions soient mises en forme, la difficulté demeure toute entière du côté de la matière, savoir si les propositions que nous avons employées sont vraies ou fausses, et si elles ont besoin de preuve, ou si elles doivent passer pour des principes.

L'ERMITE. Je vous donnerai un moyen sûr pour achever la recherche, c'est de n'admettre rien qui soit tant soit peu douteux sans qu'il soit prouvé dans la même forme.

PIANÈSE. Mais on se trompe ordinairement en prenant pour certain ou douteux ce qui ne l'est pas.

L'ERMITE. Voici le remède : il faut dire à la rigueur que toute proposition a besoin de preuve, lorsqu'elle en est susceptible. Or il n'y a que deux sortes de propositions qu'il est impossible de prouver : les premières sont celles dont le contraire implique contradiction ; car à quoi servira ma preuve si la même conclusion peut être vraie et fausse ? Les autres sont celles qui consistent dans une expérience intérieure, qui ne peut plus être rectifiée par des indices ou témoins, puisqu'elle m'est immédiatement présente et qu'il n'y a rien entre elle et moi, comme sont ces propositions : *Je suis, je sens, je pense, je veux telle ou*

---

1. « nous ne nous abuserions jamais » [raturé]

telle chose[1]. Mais de dire : *Ce que je sens subsiste hors de moi, ce que je pense est raisonnable, ce que je veux est juste,* cela n'est pas si sûr.

PIANÈSE. Si vous n'employez point d'autres principes que ceux que vous venez de dire, il n'y aura pas moyen d'en disconvenir. Mais j'ai de la peine à comprendre comment des principes qui me paraissent si bornés et si stériles nous puissent fournir tant de choses que nous prétendons de savoir.

L'ERMITE. Je vous réponds que ces principes ne sont pas si bornés qu'ils paraissent. Car par le principe de la contradiction se démontrent tous les axiomes dont la vérité paraît par la seule explication des termes, car autrement il y aurait contradiction dans les termes. Et les expériences intérieures nous fournissent moyen de juger des choses qui subsistent hors de nous. Car lorsque les apparences que nous sentons en nous sont bien suivies, en sorte qu'on peut faire là-dessus des prédictions avec succès, c'est par là que nous distinguons les veilles de ce que nous appelons des songes ; et sachant d'ailleurs par les axiomes que tout changement doit provenir de quelque cause, c'est par là que nous venons à la connaissance des choses qui subsistent hors de nous[2].

PIANÈSE. Vos réponses me donnent une satisfaction que je n'avais pas espérée. Or si les principaux axiomes étaient

---

1. On notera que Leibniz range le « je pense » cartésien à côté d'autres vérités primitives de fait, sans lui accorder par conséquent un statut plus fondamental que des expériences internes, tout aussi immédiates, telles que « je sens » ou « je veux ». Sur ce point, voir *Remarques sur la partie générale des Principes de Descartes*, GP IV, 357, à propos de l'article 7 ; *Nouveaux Essais sur l'entendement humain*, IV, 2, § 1, A VI, 6, 367.

2. Sur cette question, voir *De modo distinguendi phaenomena realia ab imaginariis* (été 1683 à hiver 1685/86 ?), A VI, 4-B, 1500-1504.

rangés et démontrés à la manière des géomètres, c'est-à-dire en forme et avec rigueur et si les expériences étaient bien ordonnées et liées avec les axiomes, je crois qu'on en pourrait former des Éléments admirables de la connaissance humaine, et distinguer le vrai, le probable et le douteux ; je m'imagine même que cette entreprise ne serait pas au-dessus des forces de quelques habiles gens, car je vois bien que dans les matières où il n'est pas possible de passer la probabilité, il suffirait de démontrer le degré de la probabilité et de faire voir de quel côté la balance des apparences doit pencher nécessairement.

L'ERMITE. Cela serait à souhaiter, mais pour venir à mon but je ne demande pas tant à présent ; et puisque vous reconnaissez qu'il y a moyen de s'assurer de ce qu'on doit juger des choses sur les apparences, contentons-nous de nous servir de cette rigueur en ce qui regarde la question de la misère ou félicité suprême. Car puisque cela se peut comme nous avons reconnu, il s'en suit que tout homme de bon sens doit se servir de cette méthode incontestable, non pas en toutes choses, car cela n'est pas possible, puisque le temps n'y suffirait pas, mais au moins dans les points les plus importants de la vie, et surtout lorsqu'il s'agit du souverain bonheur ou d'une misère sans bornes. N'est-ce pas une chose déplorable de voir que les hommes ont déjà eu il y a longtemps en main un secours admirable pour se garder de mal raisonner, et qu'ils ne s'en sont pas servis parce que certains pédants avaient abusé ridiculement d'une si belle invention ? Faut-il donc que le genre humain porte la peine de leur sottise ? et faut-il se priver d'un moyen qui nous peut donner le repos de la vie, pour complaire à ceux dont l'air cavalier ne saurait souffrir ni la logique ni même aucune autre application sérieuse ? Je sais que plusieurs personnes de jugement seront surprises

de ce que j'avance ici en faveur de la logique et des
raisonnements en forme et à la rigueur, et je crois même
que plusieurs qui ne me connaîtraient pas pourraient en
prendre occasion d'avoir méchante opinion de moi. Mais
je crois que je leur pourrais satisfaire, s'ils se donnaient
la peine de me bien entendre. Je n'ignore pas qu'ils
supposent communément que les erreurs viennent rarement
de la forme négligée, et qu'ils en montrent quelques autres
sources, dont je ne disconviens pas, mais je me fais fort
de faire voir que ce ne sont que des écoulements cachés
de la forme négligée, et que sans donner d'autres préceptes
pour s'en garder, il ne faudrait qu'assez d'exactitude et
assez de patience pour observer la forme avec rigueur.
Mais j'entends la forme un peu autrement que le vulgaire,
comme je l'ai expliqué ci-dessus. Euclide a raisonné en
forme à mon avis, au moins ordinairement ; pourquoi ne
suivrons-nous donc pas ailleurs cette même rigueur, c'est-
à-dire cette simplicité de propositions dépouillées, cet
ordre ou enchaînement des raisons, ce soin à ne rien omettre
sous prétexte d'enthymème ? et de mettre toutes les
propositions qu'on emploie, ou exprès ou par rémission ?
C'est ce qui a rendu les géomètres si exacts, et il n'y a rien
en tout cela qui ne se puisse faire partout ailleurs.
Considérons, je vous prie, quelle a été l'application d'un
Euclide ou d'un Apollonius[1], quelle patience, quelle longue
suite de raisons : et cependant le fruit de ces travaux
immenses n'a été que la solution d'un petit nombre de
problèmes, utiles à la vérité, mais dont la Chine, ce royaume
si fleurissant, s'est passée depuis tant de siècles. Et nous
autres, qui nous vantons d'être chrétiens, n'avons pas le
courage d'entreprendre un travail bien plus aisé et plus

---

1. Apollonios de Perga (né vers -262, mort vers -190), mathématicien et astronome grec, auteur des *Coniques*.

court, qui nous assurerait de la vraie religion, et nous donnerait le moyen de convaincre incontestablement les personnes raisonnables : le tout d'une satisfaction d'esprit qui passerait tout ce qu'il y a de souhaitable ici-bas.

PIANÈSE. Il est vrai que cette manière de raisonner à la rigueur nous mènerait enfin jusqu'au bout, mais j'ai peur que nous ne nous en repentions. Car peut-être que nous trouverions tout le contraire de ce que nous prétendons. Souvenez-vous que je parle en sceptique, qui a droit d'appréhender que ce qu'on dit de la providence et de la foi ne soit que de belles chimères. J'ai peur que cette recherche trop exacte ne nous en découvre l'absurdité, s'il se trouve peut-être au bout du compte que tout est vain, et qu'il aurait mieux valu de se tromper heureusement en conservant une légère espérance, qui nous console quelquefois passablement, que de rencontrer le désespoir en cherchant la certitude.

L'ERMITE. C'est ici le dernier effort de la sceptique mourante. Cette défiance ne vaut guère mieux que le désespoir ; c'est en vain qu'on croit tromper sa conscience, et c'est un crime de n'employer pas toutes ses forces pour apprendre son devoir. S'il y a quelque providence, croyez-vous que Dieu se paye de cette raison ? Si la crainte d'offenser un grand prince retient les plus emportés, oserons-nous nous exposer à faire contre les lois du monarque de l'univers, qui les saura maintenir sans doute d'une manière capable de donner de la terreur à nous qui ne sommes que de petits vers de terre ? Cette crainte est bien fondée, tandis que nous ne sommes pas bien sûrs qu'il n'y a point de tel monarque ; et le moindre soupçon d'un aussi grand mal que sa colère doit toucher une personne prudente. Mais il y a bien plus que des soupçons, puisque toutes les apparences sont pour la providence.

PIANÈSE. Il y a pourtant plus de difficultés que le vulgaire ne pense.

L'ERMITE. Ne demeurez-vous pas d'accord de l'ordre admirable des choses ?

PIANÈSE. Non pas tout à fait : [1] j'admire la production des choses, mais je trouve à redire à leur destruction. Tout corps organique en lui-même est admirablement bien fait, mais cette multitude de ces corps qui se choquent entre eux fait un étrange effet ; y a-t-il rien de si [2] dur que de voir que le plus fort l'emporte sur le faible, que la justice et la puissance ne se rencontrent guère, et qu'il domine partout un certain hasard qui se joue de la sagesse et de l'équité ?

L'ERMITE. Je vous réponds que tout ce qui nous paraît extravagant sera récompensé d'une manière qui nous est encore invisible : cela même est conforme à l'ordre de la providence, autrement il n'y aurait point de mérite. Cependant la providence se conclut assez de ce que vous avez accordé, car puisqu'une partie des choses est bien réglée, en [sorte] qu'il est presque impossible de n'y pas reconnaître une sagesse infinie, il est impossible de croire que sa providence ne s'étende pas à tout. Elle aura soin de former le moindre insecte avec un artifice tout divin, il y aura quatre-vingt mille animaux visibles dans une seule goutte d'eau, et il n'y en aura pas un dont la structure ne passe toute l'adresse des inventions humaines ; enfin le moindre atome sera plein de corps dynamiques et par conséquent bien [formé] à merveille. Et comment sera-t-il donc possible que cette providence, qui a eu soin de la moindre partie, ait négligé le tout, et ce qui est le plus noble dans l'univers, savoir les esprits ?

---

1. « il y a partout une confusion horrible » [raturé].
2. « injuste » [raturé].

PIANÈSE. Je m'y rendrais aisément, si vous me pouviez délivrer de quelques scrupules importants qui m'arrêtent. Vous soutenez que c'est la providence qui forme, par exemple, tout ce qui se trouve si heureusement uni dans la construction des animaux. Cela serait raisonnable s'il ne s'agissait que de quelque cause particulière, car lorsque nous voyons un poème, nous ne doutons pas qu'un homme l'ait composé; mais lorsqu'il s'agit de toute la nature, il faut raisonner autrement. Lucrèce, après Épicure, se servait de quelques exceptions qui font grand tort à votre argument pris de l'ordre des choses. Car, dit-il, les pieds ne sont pas faits pour marcher, mais les hommes marchent parce qu'ils ont des pieds; et si vous demandez d'où vient que tout s'accorde si bien dans la machine de l'animal comme s'il était fait exprès, Lucrèce vous dira que la nécessité porte que les choses mal faites périssent, et que les bien faites se conservent et paraissent seules : ainsi, quoiqu'il y ait une infinité de mal faites, elles ne sauraient se maintenir parmi les autres[1].

L'ERMITE. Ces gens se trompent visiblement, car enfin nous ne voyons rien fait à demi; comment les choses mal faites disparaîtraient-elles si tôt? et comment échapperaient-elles à nos yeux armés du microscope? Au contraire, nous trouvons de quoi être ravis d'étonnement, à mesure que nous pénétrons de plus en plus dans l'intérieur de la nature. Outre qu'il y a des beautés qui ne servent point à ce qu'une espèce se maintienne et paraisse plutôt qu'une autre : par exemple, la structure admirable des yeux ne donnera pas à une espèce l'avantage d'exister plutôt qu'une autre. D'où vient que tous les animaux qui ont des ailes y montrent une mécanique surprenante? D'où vient qu'il n'y a pas

---

1. Voir Lucrèce, *De rerum natura*, IV, 822 *sq.*; V, 834 *sq.*

une espèce d'oiseaux qui aient des ébauches d'ailes mal exécutées ou dans lesquelles une aile soit bien, l'autre mal faite, car ceux qui sont bien ailés n'avaient rien qui favorisât plutôt leur formation que celle des autres, si nous n'avons pas recours à la providence ? Voyez la différence qu'il y a entre un animal froissé par quelque accident et entre l'espèce la plus imparfaite ; et vous m'avouerez que la nature ne fait rien qui ne soit merveilleux.

PIANÈSE. Si je vous accordais même que tout est bien fait dans ce monde où nous sommes, que diriez-vous à cette réponse d'Épicure, qu'il y a et qu'il y a eu un nombre infini de mondes de toutes les façons, parmi lesquels il fallait nécessairement qu'il y en eût aussi quelques-uns bien faits, ou qui se sont corrigés peu à peu ? Ce n'est donc pas grande merveille si nous nous trouvons justement dans un monde d'une beauté passable[1].

L'ERMITE. Je vous avoue que c'est là le dernier retranchement[2] de l'épicurisme raffiné, mais je vous ferai voir clair comme le jour qu'il n'est pas soutenable. Car il y a toutes les apparences du monde que les choses ne sont pas moins belles et moins concertées dans les autres régions de l'univers que dans celle-ci.

Je demeure d'accord que cette fiction n'est pas impossible absolument parlant, c'est-à-dire qu'elle n'implique pas contradiction quand on ne considère que le raisonnement présent pris de l'ordre des choses (quoiqu'il y en ait d'autres qui le détruisent absolument) ; mais elle est aussi peu croyable que de supposer qu'une bibliothèque entière s'est formée un jour par un concours fortuit d'atomes.

---

1. Voir Diogène Laërce, *Vies, doctrines et sentences des philosophes illustres*, X, 45 ; 73-74.

2. « du libertinage » [raturé].

Car il y a toujours plus d'apparence que la chose se soit faite par une voie ordinaire, que de supposer que nous soyons justement tombés dans ce monde heureux par hasard. Si je me trouvais transporté dans une nouvelle région de l'univers, où je voyais des horloges, des meubles, des livres, des bâtiments, j'engagerais hardiment tout ce que j'ai que cela serait l'ouvrage de quelque créature raisonnable, quoiqu'il soit possible absolument parlant que cela ne soit pas, et qu'on puisse feindre qu'il y a peut-être un pays dans l'étendue infinie des choses, où les livres s'écrivent eux-mêmes ; ce serait néanmoins un des plus grands hasards du monde, et il faudrait avoir perdu l'esprit pour croire que ce pays où je me rencontrerais est justement le pays possible où les livres s'écrivent par hasard, et on ne saurait sans aveuglement suivre plutôt une supposition si étrange, quoique possible, que ce qui se pratique dans le cours ordinaire de la nature. Car l'apparence de l'un est aussi petite à l'égard de l'autre qu'un grain de sable l'est à l'égard d'un monde. Donc l'apparence de cette supposition est comme infiniment petite, c'est-à-dire moralement nulle ; et par conséquent il y a certitude morale [1] que c'est la providence qui gouverne les choses. Il y en a encore d'autres démonstrations qui sont absolument géométriques, mais elles ne peuvent pas entrer aisément dans un discours familier. Et ce que je viens de dire doit suffire et à mon dessein présent et à vos souhaits.

PIANÈSE. Vous n'avez pas encore gagné et il reste une difficulté à vaincre qui me paraît assez grande. Je suis

1. « *Principe de la certitude morale* : tout ce qui est confirmé par de nombreux indices qui peuvent difficilement concourir à moins que ce ne soit vrai, est moralement certain, c'est-à-dire incomparablement plus probable que l'opposé » (*Introductio ad Encyclopaediam arcanam* [...], été 1683 à début 1685 ?, A VI, 4-A, 530).

obligé de vous avouer qu'il y a infiniment plus d'apparence pour une sagesse gubernatrice que pour un hasard auteur de tant de beautés, et de tant de machines admirables. Mais comme nous ne connaissons pas le droit de l'univers, et les lois de ce grand monarque, qui n'a point d'autre règle que sa volonté, comment en pourrons-nous tirer pour nous des conséquences plus avantageuses que les autres créatures ? Ce grand Dieu s'abaissera-t-il jusqu'à renverser l'ordre des choses pour l'amour de nous qui ne sommes à son égard que comme la moindre poussière dont le vent se joue ? Nous voyons que tout se change, tout se détruit, comment en serons-nous exempts ?

L'ERMITE. Il y a deux extrémités à éviter quand il s'agit des lois de l'univers : car les uns croient que tout y va avec une nécessité machinale, comme dans une horloge ; les autres se persuadent que la souveraineté de Dieu consiste dans une liberté sans règle [1]. Le juste milieu est de considérer Dieu non seulement [2] comme le premier principe et non seulement comme un agent libre, mais de reconnaître encore que sa liberté se détermine par sa sagesse et que l'esprit de l'homme est un petit modèle de Dieu, quoiqu'infiniment au-dessous de sa perfection. Quand on a cette idée de Dieu, on peut l'aimer et l'honorer ; mais quand on le conçoit en des termes trop métaphysiques, comme un principe d'émanation à qui l'entendement ne convient qu'équivoquement ou comme un je ne sais quel être qui est cause non seulement des choses, mais même des raisons, et qui par conséquent ne suit point de raison lorsqu'il agit, on ne saurait avoir à son égard de l'amour

---

1. Leibniz range Hobbes et Spinoza parmi les premiers, Descartes (mais aussi Hobbes) parmi les seconds.
2. « comme cause efficiente, et principe » [raturé].

et de la confiance. Car si rien n'est juste en lui-même, ou si la volonté du plus puissant est la règle de la justice, il n'y aurait point de différence entre un tyran et un roi : on le craindra, mais on ne l'aimera point[1]. Car peut-être qu'il prend plaisir à nous rendre misérables, peut-être que ceux qui font le plus de maux ici-bas lui sont les plus agréables, et que les gens de bien ne passent chez lui que pour des chétives créatures sans vigueur. Si cela est, je vous avoue que la providence ne vous servirait de rien ; ce serait en effet un démon qui gouvernerait le monde. Mais cela ne se peut. La sagesse et la justice ont leurs théorèmes éternels, aussi bien que l'arithmétique et la géométrie : Dieu ne les établit point par sa volonté, mais il les renferme dans son essence, et il les suit. Car il faudrait encore une autre sagesse pour les bien établir, ou il faudrait avouer que c'est par un pur hasard qu'il les établirait plutôt ainsi qu'autrement ;[2] si cela était, la fortune ne serait pas moins dispensatrice des grâces de Dieu qu'elle l'a été de celles de l'empereur Sigismond qui, pour récompenser un vieux serviteur, lui donna à choisir entre deux boîtes fermées, dont l'une était remplie d'or, l'autre de plomb[3].

PIANÈSE. Mais si quelqu'un ne trouvait pas cela aussi absurde que vous le pensez être.

---

1. Voir *Discours de métaphysique*, art. 2. L'opinion selon laquelle est juste ce qui plaît au plus puissant est soutenue par Thrasymaque, dans la *République* de Platon (I, 338c). Pour Leibniz, elle est encore défendue par Hobbes ; voir *Méditation sur la notion commune de la justice*, Mollat, p. 43.

2. « Ainsi ce ne serait la providence mais la fortune qui gouvernerait » [raturé].

3. Sigismond (1368-1437), empereur des Romains. L'édition de l'Académie indique que l'anecdote est rapportée par A. Tschudi dans *Chronicon Helveticum* (dans l'édition de J. R. Iselin, Bâle, 1736, vol. II, p. 129).

L'ERMITE. Il y aurait moyen de le convaincre, car ces théorèmes de la justice, de la sagesse et de la beauté souveraine sont démontrables d'une manière géométrique et se réduisent au principe de la contradiction, en sorte que le contraire s'implique dans les termes. Or nous pouvons bien juger par ces inventions admirables de mécanique, dont Dieu a su user, qu'il sait trouver les constructions les plus simples à la façon des grands géomètres, c'est-à-dire les moyens qui font le plus d'effet avec le moins d'embarras[1] : et c'est là le principe unique de la sagesse, d'où dépend même la justice, et sur lequel se fonde notre félicité.

PIANÈSE. Je ne vois pas bien cette connexion, et je ne m'aperçois pas comment vous passez de l'ordre qui est dans les choses physiques à celui que nous souhaitons dans les morales.

L'ERMITE. Quoi ! Monsieur, vous voyez que le plus petit nerf a son usage dans le corps, aussi bien que la moindre corde dans un grand vaisseau, et vous savez qu'un habile géomètre ne tire point de ligne qui ne serve à sa démonstration, et vous douterez si l'âme de l'homme est dans l'ordre ? Cette âme, qui est une espèce de petit dieu, qui gouverne un monde à part, et qui redouble en quelque façon et représente en elle ce grand monde. On dit quelquefois d'un défunt : c'était un habile homme, mais à quoi cela lui a-t-il servi ? Il est mort, et tout cet amas prodigieux de belles sciences a péri en un moment comme s'il n'avait jamais été. Notre ignorance nous fait parler ainsi. Si nous entendions les ressorts de la providence, nous verrions que rien ne se perd, que tout s'emploie de la plus belle manière possible ; qu'il est incompatible avec

1. Sur ce principe, voir *Discours de métaphysique*, art. 5.

l'ordre des choses que nos âmes périssent, et même qu'il s'en perde aucune perfection acquise en cette vie. Jésus-Christ dit admirablement, à son ordinaire, que *tous les cheveux de notre tête sont comptés*[1], et qu'un gobelet d'eau fraîche, dont nous avons soulagé la soif d'un misérable, sera récompensé. Jugez si les autres vertus et perfections seront oubliées, si nous n'avons pas sujet de nous estimer heureux et si nous ne devons pas nous appliquer à connaître et à aimer ce bienfaiteur souverainement aimable. Car Dieu, s'il est, ce qu'il ne peut pas manquer d'être, a sans doute eu égard principalement à cette sorte de créatures, capables de le connaître et de l'aimer, lorsqu'il a formé les autres, et puisqu'il est lui-même un esprit, et que tout n'est fait que pour les esprits, je suis assuré que les esprits ont été bien ordonnés préférablement à toutes les autres choses, qu'ils passent infiniment en noblesse, puisqu'ils expriment la perfection de leur créateur d'une tout autre manière que le reste des créatures incapables de cette élévation. Cela étant, il est donc impossible que les choses soient faites d'une manière dont un esprit se puisse plaindre avec raison. Autrement Dieu n'aurait pas été ou assez parfait pour s'apercevoir de ce défaut, ou assez puissant pour y remédier. De là je conclus ce que j'avais avancé au commencement, que le monde est une cité composée de tous les esprits soumis au grand monarque de l'univers, que cette cité est formée dans la dernière perfection possible, qu'il n'y a rien davantage à souhaiter[2] pour ceux qui l'aiment, et qu'eux-mêmes, si Dieu leur donnait le choix d'inventer quelque chose pour leur satisfaction, ne pourraient jamais s'élever

1. Luc 12, 7.
2. « pour les justes » [raturé].

par leurs imaginations et désirs à ce bonheur qui leur est préparé.

PIANÈSE. Je suis tout ému de ces belles choses que vous dites, car enfin je n'y trouve rien à répliquer, vous l'emportez sur tous mes scrupules, et je sens un contentement d'autant plus grand qu'il était moins attendu. Il me semble maintenant que je suis une des plus heureuses créatures, moi qui condamnais auparavant ma misère, et qui ne tâchais [de me] divertir de la recherche de la vérité que pour n'y pas penser.

L'ERMITE. Il est vrai que nous sommes heureux si nous voulons. Car quoique nous ne puissions vouloir le bien sans que Dieu nous aide, il est toujours vrai que notre félicité dépend de notre volonté, de quelque cause que cette volonté vienne, et c'est là tout ce qu'on peut souhaiter dans la nature ; à moins que nous ne voulions être heureux par nécessité, ce qui sans doute n'est pas possible dans l'ordre des choses, autrement Dieu l'aurait fait. Mais n'allons pas nous engager ici dans des questions plus curieuses que nécessaires qui en peuvent naître, sur lesquelles j'ai satisfait autrefois à un ami[1] dans une conférence, dont j'ai mis quelque chose par écrit et que je vous pourrais faire voir un jour. Mais à présent, je veux aller plus avant, car je ne suis pas entré en cette matière pour vous donner seulement cette joie intérieure dont je vois les marques, mais pour vous pousser au bien qui la fera durer. Vous avez senti le misérable état des hommes qui ne sont pas pénétrés de ces vérités : vous savez qu'une amertume cachée infecte tous les plaisirs par lesquels ils

---

1. Il pourrait s'agir de Sténon (Niels Stensen) et de la conversation que Leibniz a eue avec lui le 27 novembre/7 décembre 1677 (voir A VI, 4-B, 1375-1383).

s'efforcent de tromper leur chagrin; la seule pensée de la mort leur paraît effroyable, et ceux qui se sont le plus précautionnés n'ont point d'autre remède que la patience, et point d'autre consolation que la nécessité, à laquelle ils voient bien que c'est une folie de s'opposer. Mais un des anciens disait bien que ce soldat ne vaut rien, qui exécute tristement les ordres de son capitaine [1]; il faut le suivre avec joie, et pour être content, il ne faut pas seulement souffrir, mais il faut même approuver ce qui se passe. Voyez donc ce que vous devez à Dieu, et faites connaître, sinon aux autres au moins à votre conscience que vous êtes maintenant un autre homme. Vous étiez un esclave de la [2] nécessité, vous êtes devenu un ministre de Dieu, d'un Dieu qui vous aime et que vous aimez, d'un Dieu qui vous tient lieu de tout, qui fait tout ce que vous pouvez souhaiter avec prudence, et qui ne vous abandonnera jamais, si vous n'êtes le premier à le négliger. Votre bonheur est une des maximes fondamentales de son État, gravées sur des tables de diamant; mais il faut que votre attachement soit sincère, car on ne saurait tromper ce Dieu qui perce les replis les plus cachés du cœur.

PIANÈSE. Je vous avoue que je sens une certaine ardeur qui m'a été auparavant inconnue, et que l'état où je me trouve à présent me paraît avoir quelque chose d'élevé au-dessus de l'humain. Mais vous savez que les hommes sont sujets à l'impression des sens, que leur mémoire est faible, et que les saints mêmes ont senti quelquefois leur foi refroidie. Ajoutez donc à l'obligation infinie que je vous ai le moyen de m'assurer ma félicité présente.

---

1. Référence à Sénèque, *Lettres à Lucilius*, cvii, 9 : « Mauvais soldat que celui qui suit son général en murmurant ».

2. « destinée » [raturé].

L'Ermite. Il y a deux moyens qu'il faut joindre, la prière et la pratique. Je comprends sous la prière toute élévation de l'âme à Dieu : c'est-à-dire une recherche perpétuelle des raisons solides de ce qui vous fait paraître Dieu grand et aimable. Car les méditations qui ne sont pas appuyées de raisons ne sont que des imaginations arbitraires, qui s'évanouissent à la moindre sensation. Accoutumez-vous donc à trouver partout quelque sujet d'exciter un acte de culte et d'amour, car il n'y a rien dans la nature qui ne vous fournisse de quoi lui faire un hymne. Louez son nom en tout ce qui arrive : lorsque vous voyez des méchants qui fleurissent, songez que Dieu les garde, ou pour être des objets de sa miséricorde ou pour être des victimes de sa justice, qu'il n'y a point de mal qui ne doive servir à un plus grand bien. Quand les choses réussissent tout autrement que vous aviez voulu, croyez que Dieu vous donne matière d'exercer votre vertu, et que vous vous êtes trompé. Car on se peut tromper en suivant les règles de la prudence, puisqu'on ne saurait songer à tout ni être informé de tout. C'est pourquoi protestez toujours en vous-même que vous ne voulez rien que par provision et jusqu'à ce que Dieu s'explique là-dessus. Accoutumez-vous surtout à remarquer qu'il y a des ordres, des liaisons et de belles progressions en toutes choses ; et comme nous n'en saurions encore avoir assez d'expérience en cette vie dans les matières de morale et de politique, et de théologie. Car Dieu exerce notre foi dans les brouilleries apparentes qu'il saura bien mettre d'accord par un heureux avenir ; nous ferons bien en attendant de nous exciter et raffermir quelquefois par ces expériences sensibles de la grandeur et de la sagesse de Dieu, qui se trouvent dans ces harmonies merveilleuses de la mathématique et dans ces machines inimitables de l'invention de Dieu, qui paraissent à nos yeux[1] dans la nature, car elle conspire excellemment avec la grâce, et les merveilles physiques sont un aliment propre à entretenir sans interruption ce feu divin qui échauffe les âmes heureuses, car c'est là où l'on voit Dieu par les sens ; ailleurs on ne le voit que par l'entendement. J'ai souvent remarqué que ceux qui ne sont pas touchés de ces beautés ne sont guère sensibles à ce qui se doit véritablement appeler amour de Dieu. Car je sais bien que plusieurs n'en ont pas une véritable idée. Mais si vous méditez sur ce que je viens de dire, vous ne vous y sauriez tromper.

Il reste de parler de la pratique extérieure, qui est une suite infaillible d'un intérieur sincère. Comment est-il possible d'être pénétré de ces grandes vérités, et de demeurer en même temps dans une langueur qui tient de l'incrédulité ? Jamais homme de bon sens ne s'est jeté en bas lorsqu'il a cru voir un précipice ; qui est-ce qui ne tâche pas d'éviter un lion qui vient tout en furie ? Où est ce courtisan sage qui ne respecte pas les yeux d'un maître sévère, ou qui ne tâche de se rendre agréable à un prince capable de faire sa fortune ? Il n'est donc pas possible de trouver un homme qui aime Dieu véritablement et qui ne fasse point quelque effort pour lui plaire.

PIANÈSE. Ce que vous dites est vrai, mais je crois que souvent ceux qui ont bonne volonté demeurent comme en suspens faute de bien savoir la volonté de Dieu.

L'ERMITE. Commençons par ces commandements qui ne sont sujets à aucune dispute, et tâchons aussi peu à peu de nous éclairer sur les autres. Or il n'y a personne qui ne mette en doute que la charité ne nous soit recommandée plus que tout le reste : attachons-nous y donc, et croyons

---

1. « C'est pourquoi la nature est d'un secours ~~admirable~~ excellent à la grâce » [raturé].

en notre Seigneur qui a renfermé dans ce précepte et la loi et les prophètes [1]. Mais souvenons-nous que la vraie charité comprend tous les hommes, jusqu'à nos ennemis, non pas seulement lorsqu'ils sont abattus, mais au plus fort de leur insulte. Considérons-les comme des furieux dont nous avons pitié lorsqu'ils font tous les efforts pour nous nuire, et que nous repoussons sans haine. Tous les méchants sont misérables en effet, et ne méritent pas d'être haïs. Ils sont des hommes, ils sont faits à l'image de Dieu, il y a eu quelque malheur dans leur éducation ou dans leur train de vie, qui les a rendus comme désespérés, ils sont tous susceptibles de la plus haute perfection, si nous avions toujours les occasions de les regagner ; travaillons-y donc tant que nous pouvons et considérons que la plus grande conquête est celle d'une âme, puisqu'il n'y a rien de plus noble dans la nature. Et comme c'est ordinairement l'oppression et la misère qui rendent les hommes fort méchants et malfaisants, et qui leur donnent une dureté d'âme, tâchons de prévenir le désespoir de tant de malheureux qui gémissent : ne cherchons point de gloire dans ces exploits, qui ne sont grands que comme les tremblements de terre, les ravages des eaux, et les autres malheurs publics. Considérons qu'il ne servira de rien de paraître avantageusement dans l'histoire, et d'être malheureux en personne. Car ne nous y trompons pas : le Seigneur est un juste juge : nous ressentirons les maux que nous avons faits, et nous les ressentirons à pleine mesure. Rien n'échappe à sa mémoire. L'ordre des choses, l'harmonie universelle, et cette espèce de nécessité qui veut que tout soit redressé, demandent vengeance à Dieu, non seulement des âmes perdues et du sang versé, mais

---

1. Allusion à Matthieu 22, 36-40.

encore du moindre forfait. De l'autre côté, réjouissons-nous si Dieu a fait quelque bien par nous, surtout aux âmes. Il nous tiendra bon compte, non seulement de l'événement, mais encore d'une bonne volonté sans effet si elle a été sincère et ardente ; néanmoins, je tiens que le bonheur de ceux à qui Dieu a donné et la volonté et le succès, éclatera davantage un jour dans cet heureux pays de récompense : *Qui ad justitiam erudierunt multos fulgebunt quasi stellae*[1] ; mais surtout je tiens qu'il n'y a point de créature plus heureuse qu'un homme d'État qui a bien usé de son pouvoir, et qui a fait quelque chose de grand pour la gloire de Dieu et pour le bien public. Cela vous regarde, Monsieur, car vous ne sauriez disconvenir du grand pouvoir que vous avez. Songez-y bien et souvenez-vous toujours que vous devez un grand compte à Dieu. Car si vous laissez échapper quelque occasion de faire du bien, Dieu la demandera de vos mains, votre paresse, votre froideur, et vos scrupulosités affectées à la mode du siècle ne le payeront pas. Surtout prenez garde de ne pas vous abstenir de quelques entreprises louables, par la crainte qu'on se moque de vous. C'est désavouer son Dieu en quelque façon, et s'exposer à un autre désaveu bien terrible, à ce grand jour. Il vaut mieux lui faire un sacrifice de notre gloire et, travaillant pour son honneur, prendre sur nous la honte d'un mauvais succès, après avoir suivi les lumières que Dieu nous avait données ; assurons-nous qu'il ne nous donnera pas lieu de nous en repentir. C'est pourquoi lorsqu'il y a quelque apparence de bien faire, mettons-nous en campagne, sans attendre toutes les marques d'un succès infaillible, qui ne se rencontreront peut-être jamais ; tout ce qui est beau est

---

1. « Ceux qui auront enseigné à beaucoup la justice brilleront comme des étoiles » (Daniel 12, 3).

difficile. Toutes les fois qu'il s'est fait quelque grande chose, il n'y avait guère d'apparence au commencement, mais quelque puissant génie, que Dieu avait armé de courage, a percé à travers toutes les difficultés et son mérite a été d'autant plus entier. Vous me direz : à quoi bon cette exhortation ? Car je ne vois pas lieu à présent de faire quelque chose de grand pour la gloire de Dieu. Pour moi je n'en sais rien, je n'entre pas dans vos affaires d'État, mais je suis persuadé que nous trouverions souvent matière de signaler notre zèle, si nous voulions veiller sur les conjonctures pour en profiter ; mais nous voulons servir Dieu à notre aise, et Dieu ne daignera pas d'accepter de nous cette offrande de services si peu empressés. Finissons enfin, et si vous le trouvez bon, convenons de quelques lois entre nous, sur lesquelles nous nous règlerons à l'avenir.

PIANÈSE. J'approuve fort ce conseil, et je trouve qu'il faut quelque chose de sensible qui nous excite journalièrement : je consens déjà à tout ce que vous trouverez bon et je vous accorde toute l'autorité de législateur.

L'ERMITE. Je n'accepte que le pouvoir de vous communiquer mon projet.

Premièrement, je crois que tout homme zélé pour son salut doit chercher un compagnon d'étude. J'entends de cette étude salutaire. Il faut pour cela un ami fidèle, désintéressé, d'une intention droite et qui ait plus d'attachement à votre personne qu'à votre condition, qui ait quelque sympathie avec vous, surtout du côté de l'esprit, enfin où vous puissiez trouver du soulagement et du profit tout à la fois.

En deuxième lieu, il faut se faire un projet par écrit qui serve de règle pour le reste de notre vie, qui y sera toute réduite à quelques grandes maximes qu'il faudra toujours avoir en vue. Ce projet sera semblable aux instructions qu'on a coutume de donner aux ministres publics. Car une instruction doit venir au détail, et contenir des résolutions sur les rencontres les plus importantes et les plus ordinaires qui se peuvent présenter ; on ne doit jamais violer ces résolutions que par une grande raison et lorsqu'il arrive quelque chose de bien extraordinaire. Mais aussi n'y faut-il rien résoudre que pour cause. J'ai vu plusieurs conseils que des pères ont donnés à leurs enfants en forme de testament et j'en ai vu bien peu qui aient mieux aimé de donner des leçons à eux-mêmes qu'aux autres.

Troisièmement, il faut s'examiner tous les jours sur le pied de son projet, pour voir à quoi on a manqué, et en quoi on a réussi. Il faut faire en sorte qu'on remarque tous les jours un amendement visible. Et pour y arriver, il faut se faire quelquefois de nouveaux règlements, et se dicter des peines irrémissibles.

Quatrièmement[1], il faut partager son temps sans trop de contrainte. Il faut des jours de dépêches, des jours de visites, des jours libres (c'est-à-dire qui serviront à expédier quantité d'incidents vagues), des jours de relâche, des jours de retraite. Il faut donner une partie de chaque jour à Dieu et à la méditation, et à cet examen dont je viens de parler.

Cinquièmement, il faut tenir registre de tout ce qui peut servir, jusqu'aux pensées utiles ; il faut un livre journal pour les choses passées, un livre mémorial pour les futures ou à faire : des papiers volants pour y mettre à la hâte ce qui se présente de mémorable dans la lecture, dans la conversation, dans le travail ou dans la méditation ; et on pourra ranger tout cela par après suivant les matières dans

---

1. « Au soin de se corriger il faut partager son temps sans trop de contrainte ; mais surtout il faut qu'une partie soit affectée à Dieu d'une manière particulière. La méditation est la nourriture de l'âme et Dieu est la vie » [raturé].

un recueil. Il serait même à propos d'avoir un *enchiridion*[1] ou livre manuel, dans lequel les plus importantes connaissances dont nous avons besoin soient marquées afin de soulager notre mémoire dans les rencontres. (Et il serait à propos de l'écrire en chiffres.) Et comme il y a des choses qu'il faut savoir par cœur, on pourrait s'en assurer par le moyen des vers : à quoi les burlesques seraient admirablement propres. Mais il n'est pas lieu ici de s'étendre là-dessus. [2]

Sixièmement, il faut chercher toutes les adresses imaginables pour modérer les passions, qui peuvent troubler l'usage de la raison. C'est pourquoi il faut s'accoutumer à ne se piquer de rien, à ne se mettre point en colère; à éviter toute la tristesse, ce qui est possible quand on est bien persuadé de nos grandes vérités. Pour ce qui est de la joie, il ne la faut que modérée et égale. Car un grand épanchement des esprits est suivi d'une tristesse naturelle et fait grand tort à la santé. Après une joie modérée, il n'y a point de passion plus belle et plus utile que l'espérance, ou plutôt cette joie égale et durable ne consiste que dans une espérance bien fondée, parce que les autres joies sont passagères et celle de l'espérance est continuelle. J'ai remarqué qu'il n'y a que l'espérance qui soutienne et le courage et la curiosité;[3] aussitôt qu'elle est abattue par des chagrins, par la vieillesse, par des maladies, par des réflexions importunes sur la misère et sur la vanité prétendue des choses humaines, adieu les entreprises nobles! adieu les belles recherches! Mais je vous ai donné une recette infaillible pour vous conserver ce grand bien, qui fait le

---

1. C'est-à-dire un livre que l'on peut porter avec soi.
2. « Voilà ce qui regarde la réformation qu'il faut commencer par nous-mêmes. Pour ce qui est des autres, il faut tâcher, s'il est possible, de ne les traiter en colère, il ne faut vouloir du mal à personne » [raturé].
3. « c'est le sel de l'âme » [raturé].

repos de cette vie et qui donne un avant-goût d'une
meilleure.

En septième lieu, il faut exercer une véritable charité
à l'égard des autres. Voilà en quoi cela consiste à mon avis.
Il faut non seulement ne haïr personne, quelques défauts
qu'il puisse avoir, mais il faut même aimer un chacun à
proportion des bonnes qualités qui lui restent, car il n'y a
point d'homme qui n'en ait beaucoup ; nous ne savons pas
quel jugement Dieu fait de lui, peut-être tout autre que
nous qui sommes trompés par les apparences. Néanmoins,
il vous est permis de pencher du côté du soupçon et d'avoir
fort méchante opinion de tous les autres tant qu'il s'agit
de vous précautionner, surtout en quelque matière d'importance, où il ne se faut fier que le moins qu'on peut ; mais,
en échange, il faut avoir bonne opinion de tous autant que
la raison le peut permettre, lorsqu'il s'agit de leur bien et
de leur soulagement ; voilà l'accord du serpent et de la
colombe [1]. Au reste, n'ayez pas la vanité de croire que Dieu
vous considère plus que quelque autre, ne cherchez pas
vos aises fièrement aux dépens du prochain, mettez-vous
à la place des malheureux et songez à ce que vous diriez
si vous y étiez. Travaillez à contenter tout le monde, et s'il
est possible, faites en sorte qu'on ne vous quitte point triste
ni mal satisfait. Allez plus avant, et tâchez de faire du bien
lors même qu'on ne le reconnaîtra point ou mal, et lorsqu'on
ne saura pas même qu'il vient de vous. Car vous devez
bien faire par un pur plaisir d'avoir bien fait ; et si vous
n'êtes pas de cette humeur, vous n'aimez pas encore Dieu
comme il faut, car la marque de l'amour de Dieu est quand
on se porte au bien général avec une ardeur suprême, et
par un pur mouvement du plaisir qu'on y trouve sans autre

1. Référence à Matthieu 10, 16.

intérêt[1] ; comme vous vous plairez à voir un beau visage, à ouïr un concert bien formé, à voir un méchant insolent rebuté, et un misérable innocent relevé, quoique vous n'y ayez point d'intérêt. Voilà le véritable esprit de charité tel qu'il suit d'un amour sincère qu'on porte à Dieu, source de toutes les beautés. Songez que Dieu vous a mis dans un jardin que vous devez cultiver, quoique vous sachiez votre faiblesse, vous devez néanmoins agir suivant les lumières et les forces qu'il vous a prêtées. Et s'il y a quelque manquement du côté de votre volonté, assurez-vous d'un ressentiment. Car Dieu ne vous demande que le cœur, puisqu'il s'est réservé l'événement[2]. Ne vous rebutez donc jamais, quand les bons conseils ne réussissent pas : ne laissez pas de recommencer avec le même zèle, quoique avec cette prudence qui s'accommode à temps. Dieu est le maître, mais il est un bon maître, pas un de vos soins ne sera perdu, lorsque vous les avez consacrés à son service, quoiqu'il fasse semblant de ne les pas agréer. C'est pourquoi

1. La définition de l'amour comme plaisir pris (*delectari*) à la félicité d'autrui est formulée par Leibniz dès 1669 (voir A IV, 1, 34). Elle permet de concilier le souci légitime de l'intérêt propre (auquel on ne saurait jamais renoncer) et la considération de l'intérêt d'autrui. Dans l'amour véritable, le bien de l'autre (le prochain, Dieu) nous plaît en lui-même, immédiatement, et par conséquent est recherché pour lui-même, et non parce qu'il est la cause (ou le moyen) de notre plaisir, comme c'est le cas de l'amour fondé sur l'utilité (voir *Elementa juris naturalis*, A VI, 1, 464 ; *Elementa Verae Pietatis* [...], A VI, 4-B, 1357). D'où le rapprochement avec le plaisir « désintéressé » de l'esthète : « De même en effet que nous avons une excellente peinture non pour notre usage, mais à cause de sa beauté propre, nous ne recherchons la félicité de l'objet aimé pour aucune autre raison que parce que la connaissance de cette félicité nous remplit de plaisir. » (*Ibid.*, 1357-1358).

2. « [...] comme il est le meilleur de tous les maîtres, [Dieu] ne demande jamais que la droite intention et c'est à lui de connaître l'heure et le lieu propres à faire réussir les bons desseins » (*Discours de métaphysique*, art. 4).

vous aurez soin de faire un mémoire de tout ce qu'on pourrait souhaiter pour le bien public ; et si vous êtes dans un poste à y mettre la main, ne vous laissez pas arrêter par les considérations de votre intérêt ou de votre réputation. Car vous ne devez considérer vos biens et votre gloire que comme des moyens que Dieu vous a mis en main pour le servir avec plus de vigueur. Vous ne les prostituerez pas mal à propos, car ce serait rendre les grâces de Dieu inutiles ; mais aussi vous ne les ménagerez point lorsqu'il y va de son service. Mettez dans ce mémoire que je viens de dire non seulement vos souhaits, mais aussi ceux des autres, quand vous y voyez de la raison. Écoutez attentivement les motifs qu'ils peuvent avoir et pesez-les bien, car ayant plusieurs choses à faire par votre liste, vous préférerez les plus certaines, les plus sûres, les plus nécessaires et les plus utiles. Mais lorsqu'une proposition a quelques-uns de ces avantages et non pas les autres, c'est alors que vous avez besoin de cette logique qui discerne les degrés des apparences des biens et des maux pour choisir les plus faisables et les plus dignes d'être faits. [1] Mais une médiocre apparence d'un grand bien sans danger vous doit suffire. Et comme vous avez des affaires d'État en main et que vous avez du crédit auprès d'un grand prince, qui est en réputation de sagesse, servez-vous en bien et ne vous rebutez jamais lorsque votre bonne volonté et vos propositions ne sont pas acceptées. Le prince est une image de Dieu d'une manière plus particulière que les autres hommes, or je vous ai recommandé ci-dessus de ne vous pas relâcher lorsqu'il semble que Dieu ne favorise pas vos

---

1. « Mais quand il y a de la sûreté, c'est-à-dire qu'il n'y a point de danger, vous ne balancerez point quoique le succès ne soit pas fort certain » [raturé].

travaux. Il en est de même à proportion à l'égard d'un prince, il a des réflexions auxquelles vous ne pensez point. Conservez-lui votre zèle tout entier, et travaillez pour son service et même pour sa satisfaction, non seulement avec fidélité, mais encore avec joie. Cette soumission et cet attachement produiront peut-être enfin quelque bon effet. Dieu a le cœur des princes en sa main ; peut-être qu'il vous fera trouver un moment favorable, et une situation d'esprit où vous ferez plus par un mot dit à la volée que vous n'aviez pu auparavant par des raisonnements exquis. Dieu donne aux hommes l'attention, et l'attention fait tout. Une si grande espérance vous doit consoler cependant de tous les rebuts que vous pourriez rencontrer. Un prince revêtu de cette grande autorité que Dieu lui a mise en main ne doit pas être considéré comme un homme, mais comme une puissante créature semblable à une montagne ou à l'océan, dont les mouvements extraordinaires peuvent faire d'étranges effets dans le changement de l'ordre des choses. Ne voyez-vous pas qu'il peut faire remuer des armées et des peuples au moindre clin d'œil, qu'on perce des montagnes et qu'on détourne des rivières, quand il signe quelque billet avec un peu de liqueur noire. Et vous avez l'injustice de prétendre qu'un si [1] puissant être doit céder à vos moindres efforts. S'il était si aisé à gouverner, on s'en trouverait fort mal. C'est pourquoi, lorsque vous êtes convaincu de l'importance de ce que vous avez à lui proposer, vous ne devez pas vous impatienter, quand il n'entre pas dans vos raisons. Les choses ont tant de faces : il les regarde peut-être d'un autre côté, et vous ne pouvez et ne devez pas prétendre qu'il les examine toujours à fond. Cependant, prenez-vous-y de plusieurs biais avec adresse

1. « puissante substance » [raturé].

et avec soumission, et, si vous rencontriez un jour chez votre maître un moment aussi favorable que j'en ai trouvé aujourd'hui à votre égard, bon Dieu quel bien ne procureriez-vous pas au monde ?

Lorsqu'un grand prince exempt des faiblesses et légèretés ordinaires s'applique fortement au bien public et lorsqu'il est touché des réflexions semblables aux nôtres, dont les âmes relevées s'accommodent aisément, c'est alors qu'il faut croire que Dieu même s'en mêle, et qu'il y a lieu d'espérer des grands effets. Vous vous souviendrez que j'ai dit ci-dessus qu'il n'y a point de perfection acquise qui se perde, même par la mort : plus on est puissant et sage, et plus on en sentira un jour les effets. Cela est vrai même à l'égard de la puissance des princes, car ils ont déjà ici-bas de grands avantages même pour l'autre monde, si leur cœur est tourné vers Dieu et s'ils se servent de leur pouvoir pour le servir. Mais s'ils demeurent dans l'indifférence, ou même s'ils tournent leurs forces au mal, ils seront d'aussi grands objets de la colère de Dieu qu'ils l'ont été de sa bonté. Mais laissons-là les princes, quoique je n'aie pu ni dû m'en abstenir, car comme vous avez presque autant d'accès auprès du prince que j'en ai maintenant auprès de vous, il était de mon devoir de vous encourager à de si beaux desseins. Et je puis dire que cette considération a été une des plus puissantes pour m'engager à vous persécuter, jusqu'à ce que Dieu m'ait donné un succès au-delà de mon attente.

PIANÈSE. Je vous jure, mon cher, que vos remontrances m'ont touché le cœur d'une manière qui m'était inconnue jusqu'ici. Je dois ce changement à la bonté de Dieu, que je connais à présent mieux que jamais ; s'il me donne la vie et le succès, j'exécuterai vos conseils et vous m'y verrez travailler dès demain. Vous me recommandez avec raison un compagnon des études saintes ; en pourrais-je choisir un autre que vous ? Nous dresserons ensemble ce grand projet, qui doit mettre mes affaires en ordre et mon esprit en repos. Nous travaillerons aussi à régler mon temps, à faire ces autres mémoires qui me feront toujours songer à ce que je pourrai faire pour Dieu et pour le bien public. Je sens un plaisir incroyable quand je me représente les choses que vous venez d'expliquer, et quand je considère comment vous m'avez convaincu de cet heureux paradoxe de la félicité et de la grandeur humaine. Car je vous avoue que je haïssais auparavant la nature que je considérais comme auteur de notre misère ; persuadé que j'étais que tous nos soins n'étaient que des vanités, cela me donnait une aversion indicible contre toutes les réflexions sérieuses. Et je m'étonne encore comment vous avez fait pour la surmonter. Quoi qu'il en soit, je rends grâce à mon Dieu qui m'a retiré d'un précipice, dont je vois maintenant l'abîme effroyable ; et lorsque je considère l'heureux état où je me trouve, je suis tout transporté d'amour envers l'auteur de tous les biens.

Mon Dieu, ouvrez les yeux à tous les hommes et faites leur voir les mêmes choses que je vois ; il leur serait impossible de ne pas vous aimer ; mais vous avez vos raisons pour ne pas faire la même grâce à tous et je les adore. Car je suis sûr qu'on ne peut rien changer dans l'ordre que vous avez établi, sans en détruire la beauté souveraine ; c'est pourquoi j'approuve tout ce que vous avez fait ; mais comme vous ne vous êtes pas encore déclaré sur l'avenir à mon égard, je ferai ce que je jugerai le plus conforme à votre volonté. Je publierai votre gloire à tous moments, je m'attacherai à considérer et à faire considérer aux autres les raisons de la sagesse éternelle, que les œuvres de vos mains font réfléchir sur ceux qui sont assez heureux pour trouver du plaisir dans la contemplation de la nature des choses. D'ailleurs, l'accroissement de la vraie religion, l'unité de votre Église, le soulagement des misères publiques seront les objets de mes vœux. Je ferai travailler incessamment à ces démonstrations incontestables de la vraie religion, car je vois les moyens d'en donner, et nous y tâcherons de mêler le fort avec le touchant.

Il ne me reste qu'une chose à souhaiter, qui est que vous m'accordiez la grâce, mon Dieu, de transporter à beaucoup d'autres ces mouvements que je sens en moi, et surtout à ceux qui ont le plus de pouvoir pour bien faire. Pour vous, mon cher ami, puisque ces saintes pensées se sont tournées en habitude chez vous, ayez soin de m'enflammer de plus en plus et de jour en jour pendant le temps que mes emplois me permettront de demeurer auprès de vous, à dessein de travailler aux effets de nos projets et pour régler tout avant mon départ. Je souhaiterais de vous arracher d'ici, mais si cela ne se peut, je ne manquerai pas de vous retrouver. Cependant vos lettres me tiendront lieu de votre personne, que je chérirai toujours comme l'instrument dont Dieu s'est servi pour me rappeler à la vie.

FIN

ANNEXE

MÉMOIRE POUR DES PERSONNES ÉCLAIRÉES
ET DE BONNE INTENTION

(1) Il est rare de rencontrer des personnes à qui ce mémoire soit propre. Il y en a pourtant encore quelques-unes et peut-être plus qu'on ne pense, quoiqu'on n'ait pas toujours l'occasion de les connaître. Et c'est pour elles que je l'ai dressé.

(2) Je trouve qu'encore les hommes éclairés [et bien] intentionnés se laissent emporter le plus souvent par le torrent de la corruption générale, et ne pensent pas avec assez de force aux moyens de s'en tirer et de faire du bien.

(3) Deux choses en sont cause : le défaut de l'attention ou de l'application [1], et le défaut de l'intelligence ou de la communication [2]. Car on est diverti par les soins ordinaires de la vie, et lors même qu'on a assez de force ou assez d'application d'esprit pour voir ce qu'il faudrait faire, on ne trouve que rarement des gens auxquels on oserait s'ouvrir là-dessus. Les hommes ne songent ordinairement qu'à la bagatelle, et il est tellement hors d'usage de penser au solide que cela passe presque pour ridicule.

(4) Ce mémoire est fait pour représenter comment il faudrait remédier à ces deux défauts de l'application et de

---

1. « dans chacun en particulier » [raturé].
2. « entre eux » [raturé].

la communication ; [1] et je crois même qu'on en pourrait espérer quelque succès, si on avait le bonheur de rencontrer des personnes qui prissent à cœur ce qui est le plus important et le plus solide.

(5) Je soutiens donc que les hommes pourraient être incomparablement plus heureux qu'ils ne sont, et qu'ils pourraient faire en peu de temps des grands progrès pour augmenter leur bonheur, s'ils voulaient s'y prendre comme il faut. Nous avons en main des moyens excellents pour faire en dix ans plus qu'on ne ferait sans cela en plusieurs siècles, si nous nous appliquions à les faire valoir et ne faisions pas tout autre chose que ce qu'il faut faire.

(6) En effet, il n'y a rien de si aisé que de contribuer aux biens solides des hommes ; et sans attendre la paix générale ou l'assistance des princes et des États, les particuliers même ont déjà le moyen de le faire en partie. *Il ne faut que vouloir* et ce qu'on dit communément : *In magnis et voluisse sat est* [2], est encore autrement véritable qu'on ne l'entend vulgairement. Car la bonne volonté sincère et ardente suffit non seulement pour s'acquitter de son devoir, et pour être excusable lorsqu'on ne réussit pas, mais même pour réussir effectivement. Il est vrai que pour cela le meilleur serait que cette volonté se trouvât dans plusieurs qui soient d'intelligence. Rien n'est plus fort que la société.

(7) J'avoue qu'on parle assez souvent de nos maux ou manquements et de leurs remèdes. Mais ce n'est ordinairement que par manière de discours et comme par divertissement, ou par coutume et sans la moindre intention

---

1. « et si Dieu y donne sa bénédiction, j'espère encore d'y contribuer quelque chose, pourvu que j'aie le bonheur » [raturé].

2. « Dans les grandes entreprises, il suffit d'avoir voulu », Properce, *Élégies*, II, 10 (« À Auguste »), 6.

de prendre des mesures effectives pour y remédier. Et c'est pourtant ce qui devrait être l'objet de tous nos soins, pour ne point perdre le temps précieux de notre vie en souhaits impuissants et en plaintes inutiles.

(8) Je trouve que la principale cause de cette négligence, outre la légèreté naturelle et l'inconstance de l'esprit humain, est le désespoir de réussir dans lequel le scepticisme est compris. Car comme ces soins de remédier à nos maux et de contribuer au bien commun ne peuvent guère tomber que dans les esprits au-dessus du vulgaire, il se trouve par malheur que la plupart de ces esprits, à force de penser aux difficultés et à la vanité des choses humaines, commencent à désespérer de la découverte de la vérité et de l'acquisition d'un bonheur solide. Ainsi, se contentant de mener un train de vie aisée, ils se moquent de tout et laissent aller les choses. Ce qui vient de ce qu'ils ont assez d'esprit et de pénétration pour s'apercevoir des défauts et des difficultés, mais pas assez[1] d'application à trouver les moyens de les surmonter.

(9) Pour moi, je mets en fait ce grand principe de la métaphysique aussi bien que de la morale, que le monde est gouverné par la plus parfaite intelligence qui soit possible. Ce qui fait qu'il le faut considérer comme une monarchie universelle, dont le chef est tout-puissant et souverainement sage, et dont les sujets sont tous les esprits, c'est-à-dire toutes les substances capables d'intelligence ou de société avec Dieu ; et que tout le reste n'est que l'instrument de la gloire de Dieu et de la félicité des esprits. Et, par conséquent, tout l'univers est fait pour les esprits, en sorte qu'il puisse contribuer à leur bonheur le plus qu'il est possible.

---

1. « de force ni de zèle pour les vaincre » [raturé].

(10) Il s'ensuit de cela un autre principe qui est purement de pratique : c'est que plus les esprits sont de bonne volonté et portés à contribuer à la gloire de Dieu, ou (ce qui est la même chose) au bonheur commun, plus ils prendront part à ce bonheur eux-mêmes. Et s'ils y manquent, ils se trouveront punis indubitablement. Car dans une monarchie ou cité parfaitement bien gouvernée, il faut qu'il n'y ait point de bonne action interne ou externe qui n'ait sa récompense proportionnée, et point de mauvaise qui n'ait son châtiment. Nous n'en pouvons pas expliquer le détail par le secours de la seule raison, ni dire comment cela se doit faire, surtout dans une autre vie, mais il nous doit suffire en général que cela est ainsi, et que c'est une chose sûre et indubitable.

(11) Cela étant établi, toute personne éclairée doit juger que le vrai moyen de s'assurer pour toujours de son propre bonheur particulier, c'est de chercher sa satisfaction dans les occupations qui tendent au bien général [1], car l'amour de Dieu sur toutes choses et les lumières nécessaires ne manqueront jamais à un esprit qui sera animé de cette manière. Dieu ne refusant jamais sa grâce à ceux qui le cherchent de bon cœur. Or ce bien général, autant que nous y pouvons contribuer, est l'acheminement à la perfection des hommes, tant en les éclairant pour connaître les merveilles de la souveraine substance qu'en les aidant à lever les obstacles qui empêchent le progrès de nos lumières. Il est vrai que Dieu n'a point besoin de nous et, quand nous négligerions notre devoir, les choses ne laisseront pas de se faire parfaitement bien. Mais alors ce sera sans que nous y prenions assez de part nous-mêmes ; et cette perfection

---

1. « Or ce bien général consiste dans la connaissance des merveilleuses perfections de la Substance souveraine » [raturé].

générale se trouvera en partie dans la justice de notre châtiment, qui sans cela se serait trouvée dans notre bonheur particulier.

(12) Pour contribuer véritablement au bonheur des hommes, il faut leur éclairer l'entendement, il faut fortifier leur volonté dans l'exercice des vertus, c'est-à-dire dans l'habitude d'agir suivant la raison. Et il faut tâcher enfin d'ôter les obstacles qui les empêchent de trouver la vérité et de suivre les véritables biens.

(13) Pour éclairer l'entendement, il faut perfectionner l'art de raisonner, c'est-à-dire la méthode de juger et d'inventer, qui est la véritable logique et comme la source de toutes les connaissances. De plus, il faut faire enregistrer comme dans un inventaire général les vérités de conséquence qui sont déjà trouvées, et qui se rencontrent non seulement dans les livres, mais encore parmi les hommes de toutes sortes de professions. Et il faut enfin prendre des mesures propres à faire faire des recherches et des expériences pour avancer à l'avenir autant qu'il est possible. Chacun de ces points mérite un éclaircissement particulier, et j'ai assez médité là-dessus pour pouvoir entrer dans un grand détail, s'il était lieu ici de le faire.

(14) Pour rendre la volonté des hommes meilleure, on peut donner des bons préceptes, mais il n'y a que sous l'autorité publique qu'on les peut mettre en pratique. Le grand point est le redressement de l'éducation, qui doit consister à rendre la vertu agréable et à la faire tourner comme en nature. Mais quand on y a manqué dans la jeunesse, il faut avoir recours à la bonne compagnie et aux exemples, à une représentation vive du bien et du mal pour faire aimer l'un et haïr l'autre, à l'examen [1] de sa conscience

---

1. « de soi-même » [raturé].

et à des réflexions fréquentes, en se disant souvent à soi-même : *dic cur hic, hoc age, respice finem* [1] ; *item* à certains règlements qu'on se fait à soi-même et où l'on entre avec d'autres ; enfin, il faut avoir recours au châtiment et à la récompense, qui sont les derniers remèdes et les moins propres à donner une vertu solide. Ils sont nécessaires néanmoins pour y disposer.

(15) Les obstacles à notre bonheur (c'est-à-dire à la raison et à la vertu) qui viennent de l'esprit même cessent par les remèdes déjà marqués, mais les empêchements qui sont hors de notre esprit viennent de notre corps ou de la fortune. Et pour rendre les hommes les plus heureux qu'il est possible, il faut chercher encore les moyens de conserver leur santé et de leur donner les commodités de la vie. Ainsi il faut examiner la nature des corps de l'univers, tant pour y reconnaître les traces merveilleuses de la sagesse divine que pour remarquer en quoi ils peuvent servir à notre conservation et même à notre plus grande perfection. Ainsi l'avancement de la science naturelle et des beaux-arts est d'une très grande importance.

---

1. « Dis pourquoi [tu es] là, fais-le, considère la fin ». L'expression *Dic cur hic* est employée par le pédagogue et écrivain luthérien Johann Michael Moscherosch (1601-1669), dans *Les visiones de Don Francesco de Quevedo Villegas. Oder wunderbahre satyrische Gesichte verteutscht durch Philander von Sittewalt*, Strasbourg, 1640, p. 9. Il l'utilise à nouveau, en y joignant cette fois la formule *hoc age* dans *Insomnis cura parentum. Christliches Vermächtnuß oder Schuldige Vorsorg eines trewen Vatters*, Strasbourg, 1643, lettre 29 (à ses enfants), § 12 (édité par Ludwig Pariser, Halle, 1893, p. 107). Enfin, l'expression *Respice finem* est tirée d'une maxime de sagesse dont on raconte qu'elle fut délivrée par un marchand à l'empereur Domitien. Voir *Gesta Romanorum*, chap. 103 : « Quoi que tu fasses, fais-le avec prudence et considère la fin » (« Quicquid agas, prudenter agas, et respice finem »).

(16) Mais, outre l'histoire de la nature corporelle, il est encore important de connaître l'histoire humaine et les arts et sciences qui en dépendent. Elle comprend l'histoire universelle des temps, la géographie des lieux, la recherche des antiquités et des anciens monuments, comme médailles, inscriptions, manuscrits, etc., la connaissance des langues et ce qu'on appelle la philologie, qui enferme encore les origines étymologiques. J'ajoute encore l'histoire littéraire qui nous apprend les progrès de nos connaissances et ce que nous devons aux études des autres, aussi bien que le moyen de trouver chez les auteurs les notices dont on a besoin dans les rencontres, pour profiter des travaux d'autrui.

(17) Je tiens même que l'histoire humaine comprend celle des coutumes et des lois positives, dont les principales sont les lois romaines qui servent de fondement à la jurisprudence privée et publique reçue aujourd'hui ; outre les lois fondamentales des États, avec les blasons, généalogies et controverses illustres ou prétentions des princes, dont il est bon d'être informé, non pas tant parce que ces choses sont bonnes en elles-mêmes que parce qu'elles causent de grandes révolutions, qui nous enveloppent et qui intéressent les sociétés dont nous faisons partie.

(18) Enfin, j'y comprends encore l'histoire des religions et surtout celle de la véritable religion révélée, avec l'histoire ecclésiastique. Comme cette histoire de la religion est la plus importante pour notre salut, afin de savoir ce que Dieu a révélé ou non, on peut dire avec raison que le plus grand usage de la connaissance des antiquités et des langues mortes est celui qu'on en tire pour la théologie, tant à l'égard de la vérité de la religion chrétienne et de l'autorité des livres sacrés que pour expliquer ces mêmes livres et

lever mille difficultés, et pour connaître enfin la doctrine et la pratique de l'Église de Dieu, et les lois ou canons de la jurisprudence divine.

(19) Le moyen le plus grand et le plus efficace de parvenir à toutes ces choses et d'augmenter le bonheur général des hommes, en les éclairant, en les tournant au bien, et en les exemptant des incommodités fâcheuses autant qu'il est faisable, serait de pouvoir persuader aux grands princes et aux principaux ministres de faire des efforts extraordinaires pour procurer de si grands biens, et faire jouir nos temps des avantages qui sans cela ne seront réservés qu'à la postérité assez éloignée. Et il est constant qu'outre la gloire immortelle, ils en retireraient des utilités immenses et travailleraient même à leur propre perfection et satisfaction; car rien n'est plus digne des grandes âmes que la connaissance et l'exécution de ce qui fait le bonheur des hommes, et qui découvre les grandeurs de Dieu qui nous donnent de l'admiration et de l'amour pour lui. Mais outre cela, les grands, par ces moyens, auraient des sujets plus vertueux et plus propres à les bien servir; et les personnes de loisir et de moyens, au lieu de s'occuper à des bagatelles, à des plaisirs criminels ou ruineux, et à des cabales, trouveraient leur satisfaction à être curieux et ce qu'on appelle *virtuosi* [1]. Et les grands mêmes ou leurs enfants et proches seraient souvent sauvés dans les maladies dangereuses, et délivrés de plusieurs maux qui nous paraissent maintenant invincibles, à cause du peu d'application qu'on fait paraître encore pour l'avancement de la médecine et de la physique d'usage.

---

1. Terme italien, passé ensuite dans la langue anglaise, pour désigner l'homme curieux et cultivé, qui aime et exerce même les arts et les sciences. Les membres de la *Royal Society* se désignaient eux-mêmes comme des *Virtuosi*, pratiquant l'*experimental philosophy*.

Enfin, si les grands contribuaient autant qu'ils peuvent à l'augmentation des connaissances et des véritables avantages du genre humain, les arts de paix et de guerre fleuriraient merveilleusement dans leurs États, tant pour mieux résister aux ennemis par mer et par terre que pour cultiver et peupler le pays par la navigation, le commerce, les manufactures et la bonne police ou économie ; outre les missions et colonies, propres à porter la piété, la raison et la vertu parmi les barbares et les infidèles.

(20) Mais en attendant les conjonctures favorables pour intéresser le public dans ces bons desseins, les particuliers doivent faire le leur. Et chacun doit satisfaire à son devoir sans se rapporter aux autres. Car on est obligé en conscience de faire en sorte qu'on puisse rendre compte à Dieu du temps et des forces qu'il nous a prêtés. Ainsi le temps qui nous reste au-delà du nécessaire, après les affaires et les relâchements que notre santé demande, doit être employé à des occupations utiles, non seulement à nous, mais encore aux autres. Et ceux qui ont de quoi faire des dépenses considérables ne doivent pas se borner aux seules vues du plaisir, de l'honneur et de l'intérêt, mais en mettre encore une partie à ce qui peut procurer des avantages solides pour le bien public. Car c'est une charité qui vaut autant et souvent mieux de beaucoup que les aumônes, qui ne sont que pour un petit nombre de particuliers.

(21) Et pour ce qui est des savants, capables de contribuer à l'accroissement de nos connaissances, ils doivent songer à des travaux qui ne servent pas seulement à les faire connaître et applaudir, mais encore à produire quelques nouvelles lumières. Ces travaux peuvent consister dans des recherches pour nous, et dans des enseignements pour les autres. Les recherches peuvent consister en méditations et en expériences ou observations. Et les

enseignements peuvent être de vive voix ou par écrit, communiqués en particulier ou donnés au public. En tout cela il faut regarder au fruit réel qui s'en peut retirer. Car écrire pour écrire n'est qu'une mauvaise coutume ; et écrire seulement pour faire parler de nous est une vanité, qui fait même du tort aux autres, en les faisant perdre leur temps par une lecture inutile.

(22) Ce n'est pas que je méprise les compilations, lorsqu'elles sont faites sur des bons sujets, et d'une manière propre à nous faire gagner la peine de chercher au besoin. Car j'ai dit ci-dessus que je souhaiterais des bons inventaires de nos connaissances. J'approuve même les livres d'amusement, comme [les] romans, poésies, harangues, éloges, satires et pièces galantes. Car si des habiles gens et des personnes vertueuses s'en mêlent, on s'en peut servir pour faire estimer la vertu et pour rendre le vice haïssable et ridicule, pour rendre justice au mérite, pour immortaliser quelque belle pensée, en la mettant en épigramme bien fait, et pour enseigner même les arts et les sciences d'une manière qui excite la mémoire agréablement, suivant la méthode des plus anciens, qui était de donner les préceptes importants en chansons ou en vers. Et je ne m'oppose pas qu'on épluche les antiquités romaines, grecques, hébraïques, égyptiennes, arabesques, scythiques, celtiques, indiennes. Je crois même qu'il importe au public qu'il y ait des personnes qui fassent leur affaire de ces choses-là, qu'il y ait des poètes, des antiquaires, des médaillistes, des grammairiens, des étymologistes, des lexicographes, des compilateurs et faiseurs de répertoires, et des journalistes, qui servent de secrétaires à la République des Lettres. Car tout a son usage, et nous avons besoin des antiquaires par exemple, à peu près comme les juges ont besoin des notaires experts, qui se font une affaire de reconnaître les

écritures contrefaites. Enfin je ne méprise rien dont on peut apprendre. Mais je voudrais que tout cela fût fait d'une manière à nous en faire tirer du profit, sans nous faire perdre du temps et sans nous accabler d'une infinité de mauvais livres, qui étoufferont enfin les bons et nous ramèneront à la barbarie.

(23) Mais quoique les particuliers qui ont du mérite et de la bonne intention puissent nous donner des choses fort belles et fort utiles, il est pourtant vrai qu'ils feraient infiniment mieux et plus, et encore plus tôt, s'il y avait entre eux beaucoup d'intelligence et de communication. Car maintenant que chacun pense à soi, il arrive que différentes personnes font la même chose ; ce qui est autant de temps perdu. Il arrive que ceux qui entreprennent quelque travail manquent de lumières, de matériaux et d'autres aides, que des personnes habiles ou instruites leur pourraient fournir. Et ce qui est le plus important, mille choses se peuvent faire par deux ou trois ou par plusieurs qui s'entendent, qui ne se feront jamais ou ne se feront jamais bien s'ils travaillent sans se communiquer.

(24) On raconte que le fameux Drebbel [1] avait l'imagination si bonne que trouvant un morceau de pierre dans la rue, il se souvint d'un trou qu'il avait remarqué dans un autre endroit, que ce fragment était capable de remplir justement. C'est pour dire que les combinaisons des choses, qui paraissent éloignées, servent souvent à produire des effets singuliers. Et c'est encore la raison pourquoi ceux qui se bornent à une seule recherche manquent souvent de faire des découvertes, qu'un esprit plus étendu, qui peut joindre d'autres sciences à celle dont il s'agit, découvre sans peine. Mais comme un seul ne

---

1. Cornelis Drebbel (1572-1633), savant et ingénieur hollandais.

saurait bien travailler à tout, c'est l'intelligence mutuelle qui y peut suppléer. Les savants se trouvent souvent court, parce qu'ils ne savent point les adresses des ouvriers. Et les ouvriers demeurent dans leurs vieilles pratiques, faute de consulter les savants. Un homme du commun aura fait une jolie observation qui périra avec lui. Si elle était connue là où il le faut, ce serait une source de nouvelles découvertes. Un homme fort éclairé a une pensée qu'il laisse pourrir pour ainsi dire, n'étant pas en état de l'exécuter lui seul. S'il est géomètre, par exemple, il sera rebuté par les grands calculs soit en nombres ou en espèces algébriques qu'il faudrait pour l'exécuter, pendant qu'un habile calculateur, manquant de matières importantes pour employer son calcul et celui de ses écoliers, s'amuse à des exemples inutiles qui coûtent pourtant autant de peine que les bons. Ainsi s'ils s'entendaient, l'un et l'autre feraient mieux. Il y a des calculs et autres travaux qu'on peut faire une fois pour toutes. Mais faute de communication entre ceux qui en ont besoin, chacun est obligé de le faire à part. Sans parler des contestations qui naissent entre les habiles gens, faute de s'entendre et de communiquer ensemble. Enfin, il ne faut point s'étonner que les hommes font si peu d'effet ; ils sont comme les différents ingénieurs d'une même fortification. Ils s'entrempêchent et se décréditent : l'un renverse les travaux de l'autre, seulement parce que ce ne sont pas les siens. Et lorsque les ouvrages de l'un et de l'autre subsistent, ils ne se flanquent ou ne se couvrent pas assez. Mais si tous ces habiles hommes avaient travaillé sur un même plan arrêté, *dispertitis operibus*[1], on aurait gagné bien du temps et bien des dépenses, et on aurait quelque chose de bien plus parfait.

---

1. « les travaux ayant été répartis ».

(25) La singularité fait encore ce méchant effet qu'elle donne occasion à des sectes et à des entêtements de fausse gloire qui arrêtent les progrès. Un savant aura quelques vues qu'il croira grandes et belles. Là-dessus il se veut ériger en chef de secte. Il travaille à ruiner la réputation des autres. Il se fait un grimoire étudié, auquel ses disciples s'accoutument jusqu'à n'être plus capables de raisonner au-delà. Pour lui, il est bien aise de les aveugler, pour avoir la gloire d'être seul leur conducteur. Cependant le public y perd tout ce que de bons esprits qui se peuvent rencontrer dans une secte auraient pu faire, s'ils avaient conservé la liberté [1] et l'application dont ils manquent maintenant, dans la créance que ce qu'ils ont appris de leur maître leur suffit. La bonne intelligence et la communication détruisent ces entêtements. On y reconnaît aisément qu'on ne se doit jamais borner à son maître et qu'un seul homme est peu de chose au prix de l'union de plusieurs. Ainsi on rendra à chacun la justice qu'il mérite à proportion de ce qu'il contribuera au bien commun.

(26) Notre siècle a vu naître de belles sociétés et il en a tiré de grandes utilités ; mais il pourrait aller encore bien au-delà. [2] Il y avait en Allemagne une société considérable, dont plusieurs membres étaient princes de l'Empire et

---

1. « d'esprit » [raturé]. Le brouillon comporte le texte suivant : « Et c'est le cas des cartésiens ordinaires. Car Descartes, tout grand homme qu'il était, avait cette vanité de vouloir être solips[ist]e. Il chicanait sur les belles productions des autres. Et il a tellement ébloui la vue de ses disciples que j'ai remarqué souvent qu'ils ne donnent presque rien que des paraphrases de leur maître, et ne s'appliquent pas assez à faire des progrès, dans la fausse créance, qui flatte également la vanité et la fainéantise de plusieurs, qu'ils en savent assez et qu'après ce que leur maître a fait, il n'est pas nécessaire d'en demander davantage. »

2. « Un des grands défauts de toutes ces sociétés est qu'elles sont trop bornées à certains objets » [raturé].

autrement grands seigneurs, ou du moins hommes distingués par les dignités et par le mérite. On l'appelait *Societatem frugiferam*[1], mais ils ne s'amusaient qu'à purger la langue, au lieu de nous porter les fruits qu'ils pouvaient et qu'ils promettaient. L'Académie française[2] a suivi quelque chose de leur plan. Pour ne rien dire *della Crusca* de Florence qui est plus ancienne[3]. La Société Royale d'Angleterre a eu des vues bien plus grandes et bien plus belles ; et nous lui sommes infiniment redevables. Mais un peu trop d'attachement à des menues expériences leur a nui dans l'opinion du vulgaire, qui n'en pénètre point l'importance, et a fait même que le fruit a été moindre qu'il aurait pu être ; ce qui est encore plus vrai *dell'Academia del Cimento* de Florence. L'Académie Royale des Sciences de Paris[4] est un corps établi et entretenu par son roi. Elle a donné quelques choses très importantes. Mais les guerres l'ont obligée de se resserrer, pour ne pas parler d'autres considérations et changements. La société de plusieurs médecins d'Allemagne, qui ont pris le nom de Curieux de

1. Ou *Societas fructifera* (« Société féconde »), *Fruchtbringende Gesellschaft*, appelée encore *Palmenorden* (Ordre du Palmier, dont la devise était « Tout pour l'utile »), société littéraire et philologique fondée en 1617, sous le patronage du prince Louis de Anhalt-Köthen. Son but était principalement de maintenir la langue allemande dans sa pureté, d'en expurger les termes étrangers et d'en fixer l'orthographe.

2. Officiellement fondée en 1635.

3. *L'Accademia della Crusca* fut créée à Florence en 1583. Son but était de conserver la pureté de la langue italienne. Elle publia en 1612 le premier dictionnaire de l'italien (*Vocabolario degli Accademici della Crusca*).

4. La *Royal Society of London for the Improvement of Natural Knowledge* (Londres), l'*Academia del Cimento* (Florence) et l'Académie Royale des Sciences (Paris) ont respectivement été fondées en 1660, 1657 et 1666.

la Nature [1], est plus ancienne que les autres qui travaillent aux sciences. Son premier but était de donner des livres que chaque membre entreprenait de publier sur quelques sujets naturels, mais plutôt de curiosité que de pratique, et suivant une méthode qui était plus propre à ce qui doit servir de répertoire qu'à donner des ouvertures. Depuis ils se sont élevés davantage et ils y ont joint un recueil d'observations annuelles, parmi lesquelles il y en a beaucoup de très utiles. Mais la communication entre eux est assez resserrée, aussi bien que les mesures nécessaires pour avancer. Enfin toutes ces sociétés, se bornant à certaines matières, ne sauraient jouir assez des utilités qui résultent des combinaisons des sciences différentes et des vues générales de la perfection humaine.

(27) Il y a un grand point qui manque à ces sociétés (excepté l'Académie Royale des Sciences de Paris), c'est qu'elles n'ont pas de quoi faire des dépenses un peu considérables. Ainsi elles ne sauraient tenter des entreprises capables de faire un grand effet en peu de temps. Et cependant, c'est le principal à quoi l'on doit buter [2]. Car le temps est la plus précieuse de toutes nos choses. C'est la vie en effet. Ainsi si nous nous amusons à aller [d'un] petit pas, nous ne nous apercevrons guère de nos progrès. Et à peine d'autres siècles (peut-être assez reculés) commenceront enfin de profiter de nos travaux. J'avoue

---

1. L'*Academia Naturae Curiosorum* a été créée en 1652 par quatre médecins : J. L. Bausch, J. M. Fehr, G. B. Metzger et G. B. Wohlfarth. À partir de 1670, l'académie fit paraître un journal sous le titre *Miscellanea curiosa medico-physica Academiae Naturae Curiosorum sive Ephemeridum medico-physicarum Germanicarum*. Reconnue par l'empereur Léopold I er, elle prendra officiellement le nom d'*Académie impériale léopoldine* (en abrégé : *Leopoldina*) en 1687. Sa devise est *nunquam otiosus* (« jamais inactif »).

2. C'est-à-dire tendre.

que nous devons travailler pour la postérité. On bâtit souvent des maisons où l'on ne logera pas ; on plante des arbres dont on ne mangera pas les fruits. Mais lorsqu'on peut encore jouir [soi]-même de sa peine, c'est une grande imprudence de le négliger[1].

---

1. « (28) Je crois qu'il y aurait moyen de trouver ces fonds, sans que le public fut obligé de faire des frais, et sans que les particuliers fussent obligés à des contributions entre eux. L'Angleterre m'y paraît propre surtout, pour bien des raisons. Mais c'est une matière qui mérite un discours à part. Et s'il y avait quelque apparence de faire goûter ces desseins à des personnes considérables et éclairées, on pourrait s'y étendre davantage par des ouvertures qui surpasseraient peut-être ce qu'on en peut attendre. » [raturé].

TABLE DES MATIÈRES

LEIBNIZ

DIALOGUES SUR LA MORALE ET LA RELIGION

Dépôt légal : octobre 2017
IMPRIMÉ EN FRANCE

Achevé d'imprimer le 20 octobre 2017
sur les presses de l'imprimerie «La Source d'Or»
63039 Clermont-Ferrand
Imprimeur n° 19786K

*Dans le cadre de sa politique de développement durable,
La Source d'Or a été référencée IMPRIM'VERT®
par son organisme consulaire de tutelle.
Cet ouvrage est imprimé - pour l'intérieur - sur papier offset 80 g
provenant de la gestion durable des forêts,
produit par des papetiers dont les usines ont obtenu
les certifications environnementales ISO 14001 et E.M.A.S.*